地下管线测量技术

主　编　朱艳峰

副主编　陈蔚珊

参　编　曾令权　邓　丰　许　晋

　　　　李　彬　黄北新　李　猛

　　　　林继贤　陈国强

主　审　王大成

北京理工大学出版社

BEIJING INSTITUTE OF TECHNOLOGY PRESS

内 容 提 要

本书对地下管线测量的概念、理论基础、工作内容、技术方法等方面进行了系统阐述。全书共 8 个项目，主要内容包括：地下管线测量认知、地面点位测量工作、平面控制测量、高程控制测量、GNSS测量技术、地下管线工程测量、数据处理及管线图编绘、地下管线竣工测量与核验测量。

本书可作为高等院校市政管网智能检测与维护、市政工程技术、工程测量技术、道路与桥梁工程技术及摄影测量与遥感技术等专业的教材，也可作为地下管线行业从业人员培训用书。

图书在版编目（CIP）数据

地下管线测量技术 / 朱艳峰主编.--北京：北京
理工大学出版社，2023.8
　ISBN 978-7-5763-1982-8

　Ⅰ.①地… Ⅱ.①朱… Ⅲ.①地下管道－工程测量
Ⅳ.①U173.9

中国国家版本馆CIP数据核（2023）第003574号

出版发行 / 北京理工大学出版社有限责任公司
社　　　址 / 北京市丰台区四合庄路6号院
邮　　　编 / 100070
电　　　话 / （010）68914775（总编室）
　　　　　　（010）82562903（教材售后服务热线）
　　　　　　（010）68944723（其他图书服务热线）
网　　　址 / http://www.bitpress.com.cn
经　　　销 / 全国各地新华书店
印　　　刷 / 河北鑫彩博图印刷有限公司
开　　　本 / 787毫米×1092毫米　1/16
印　　　张 / 13　　　　　　　　　　　　　　责任编辑 / 江　立
字　　　数 / 289千字　　　　　　　　　　　文案编辑 / 江　立
版　　　次 / 2023年8月第1版　2023年8月第1次印刷　　责任校对 / 周瑞红
定　　　价 / 78.00元　　　　　　　　　　　责任印制 / 王美丽

图书出现印装质量问题，请拨打售后服务热线，本社负责调换

前　言

地下管线种类繁多、结构复杂，是城市发挥其功能，实现其经济、社会健康协调及可持续发展的重要物质基础。党的二十大报告指出，实施城市更新行动，加强城市基础设施建设，打造宜居、韧性、智慧城市。优化基础设施布局、结构、功能和系统集成，构建现代化基础设施体系。作为城市基础设施的重要组成部分，地下管线行业近三十年来得到迅猛发展，信息化建设不断推进，急需一支综合素质强、技术水平高的一线技能人才队伍。

本书编者在党的二十大政策方针的指导下，为适应地下管线行业发展对地下管线测量技术高技能应用型人才的需要，组织编写了本书。本书考虑了地下管线测量人员应具备的有关专业知识、基本技能的要求，引入测量新仪器、新技术、新方法，按照"以就业为导向、以培养综合职业能力为本位、以岗位需要为依据"的思路，强化职业性、实用性和可操作性。

本书由广州番禺职业技术学院朱艳峰担任主编，广州番禺职业技术学院陈蔚珊担任副主编，广州番禺职业技术学院曾令权、邓丰，中国测绘学会地下管线专业委员会许晋，合肥市地下管网建设管理办公室李彬，合肥市测绘设计研究院黄北新，广州南方测绘科技股份有限公司广州分公司李猛，广东龙泉科技有限公司林继贤，广东绘宇智能勘测科技有限公司陈国强等参与编写。全书由广东绘宇智能勘测科技有限公司王大成主审。本书配套开发了教学PPT课件、线上教学视频、案例库、课后习题参考答案、延伸阅读资料等教学资源，从而满足高等院校技术专业人才培养要求的需要。

由于编者水平有限，加之时间仓促，书中难免存在疏漏之处，敬请广大读者批评指正，以便不断修订完善。本书在编写过程中，引用了相关的技术操作规程及标准、相关测量仪器的使用手册和说明书的部分内容及文献，在此谨向有关作者和单位表示感谢！

编　者

目 录

项目 1

地下管线测量认知

知识要点	能力要求	权重
地下管线测量的目的及意义	了解地下管线现状及存在的问题;了解地下管线测量的目的及意义	10%
地下管线普查	了解地下管线普查的目的;了解管线普查的原则;熟悉地下管线的分类	15%
地下管线测量内容	了解控制测量的分类;掌握已有地下管线测量的内容;掌握新建管线放线测量与竣工测量的技术要求;掌握管线图测绘的内容;掌握测量成果的检查验收的内容	30%
地下管线测量精度	掌握管线点平面测量精度;掌握管线点高程测量精度;掌握明显管线点的埋深测量精度	20%
地下管线测量前期工作	掌握资料收集的内容;掌握现场踏勘的内容;能够对现有资料进行分析和评价,以及了解技术路线和技术方案的具体内容	25%

项目描述

　　在实施地下管线测量前期,需要完成地下管线测量的一系列工作。测量人员需要了解地下管线的种类,通过资料收集、现场踏勘、对地下管线的现状进行分析和评价,以及了解地下管线测量的技术路线和技术方案的具体内容,保证地下管线测量工作的顺利开展。

　　地下管线测量工作内容包括控制测量和管线点测量。地下管线测量应在收集、分析已有的控制点和地形图资料的基础上进行。地下管线测量应实地测量管线点的平面位置与高程。由于测量对象和测量内容的特殊性,地下管线测量控制点精度及地下管线点平面、高程测量精度要符合相关技术规程的规定。在开展地下管线测量工作之前,测量人员需要具备熟练进行测量精度判定的知识和能力。

1

学习本项目内容后,应该达到以下目标:

(1)了解地下管线测量的目的及意义;

(2)了解地下管线现状及其普查原则;

(3)熟悉地下管线的种类;

(4)掌握地下管线测量的内容;

(5)能够进行地下管线测量前期工作,包括资料收集、现场踏勘、对现有资料分析和评价,以及了解地下管线测量的技术路线和技术方案的具体内容;

(6)掌握地下管线测量的平面和高程精度要求,能够熟练地进行测量精度判定。

典型工作任务

在实施地下管线测量前期,需要完成地下管线测量的一系列准备工作,包括资料收集、现场踏勘、对地下管线的现状进行分析和评价,以及了解地下管线测量的技术路线和技术方案的具体内容。

情境引例

在城市化建设进程推进过程中,完善的城市地下管线网络是确保城市居民正常生活的重要前提和保障城市经济持续发展的基础。地下管线测量和数据信息管理滞后于城市发展,会导致城市规划管理操作上的盲目性和不准确性,不仅给城市规划建设和管理带来一系列障碍,还对城市的可持续发展形成制约。

2009年,为摸清城市地下管线分布状况,获取地下管线及其附属设施空间位置和相关属性信息,编绘地下管线图,实现地下管线数据交换和信息资源共享,东莞市开展了城市地下管线普查工作。普查工作第二期工程项目中要求的地下管线测量范围包括东城、南城、万江和寮步部分地区,总面积约为 226 km²。项目测量任务主要完成区域范围内的控制测量、1∶1 000 地形图测量、明显管线点、管线开挖点、管线点平面、高程及管线点与地物相对位置测量。该项目地下综合管线测量检验比例为每个测区随机抽取不少于 2.5% 的控制点(用于控制点成果质量检验)、每个测区抽取的管线点不得少于总点数的 2.5%(用于管线点测量精度检验),以确保地下管线测量数据的准确性。

1.1　地下管线测量的目的及意义

城市地下管线是指城市范围内供水、排水、燃气、热力、电力、通信、广播电视、工业等管线及其附属设施,担负着信息传递、能源输送、排涝减灾及废物排弃等方面的功能,是城市基础设施的重要组成部分。地下管线是现代化城市高速、高效运转的基本保证,被誉为城市运行的"生命线"。由于历史、技术等各种原因,城市地下管线建设与管理工作相对滞后于城市建设的总水平,在施工、运营、维护过程中,道路塌陷、管线泄漏爆炸等事故频发,对人民生活和生命财产安全带来了重大影响。充分利用地下空间,掌握城市地下管线的现状,管理好地下管线的各种信息资料,既是城市规划建设和可持续发展的需要,也是城市社会经济发展的需要。

地下管线测量是指在完成地下管线空间位置、空间关系探查及管线属性调查工作的基础上,根据收集、分析已有控制点和地形图资料,对地下管线空间位置(平面坐标、高程坐标)开展的测绘工作。根据测量任务的不同,地下管线测量可分为已有地下管线测量、地下管线竣工测量和地下管线放线测量。对已有地下管线测量主要用于城市管网资料及档案的建立,为城市规划和工程建设提供重要的参考数据。地下管线放线测量的目的是将工程设计的管线位置测设到实地。地下管线竣工测量旨在检查地下管线是否按照设计施工、管线空间位置是否满足相关验收规范要求。

1.1.1 地下管线现状

随着时代的发展及社会的进步,我国的城市基础设施建设日益完善,为城市的发展及人民生活水平的提高作出重要贡献。作为重要的基础设施建设之一,地下管线是保障城市生存和可持续发展的支撑体系,为城市提供必不可少的物质运营条件。地下管线的科学管理对城市的建设与可持续发展具有重要的意义。长期以来,由于地下管线属于隐蔽工程、只见投资不见效益等原因,城市建设管理重视地上、忽视地下。我国很多城市在地下管线的规划、建设与管理中仍然存在着一系列的问题,这些问题的存在对地下管线的良性管理、城市的有序化发展造成了十分不良的影响,主要表现为以下几个方面。

1. 缺乏统一管理和科学规划

我国城市建设长期以来受历史和现实等多因素影响,城市地下管线缺乏统一的规划、建设和管理,存在重地上、轻地下,重审批、轻监管,重建设、轻养护的问题。地下管线的种类繁多,产权投资分属管理,规划建设与资金投入不同期,加上各部门缺乏统一协调,"拉链式道路"不断出现,严重影响市容环境,阻碍城市交通。地下管网安全事故主要集中在施工破坏、工程质量、超期服役、地面沉降和地面建筑物(构筑物)压占等方面,全国每年因施工引发的管线事故所造成的直接经济损失、间接经济损失达数十亿元,甚至数百亿元,造成严重的经济损失和社会负面影响。

2. 管线情况复杂,家底不清

目前,我国城市地下管线共有 8 大类 30 多种,涉及供水、排水、燃气、供热、供电、通信等行业,除市政排水管线外,均由各产权单位自行建设和管理。城市建设主管部门是地下管线的管理机构,由于历史和现实原因,目前大多数城市尚未建立完整的地下管线综合图库资料。原有城市地下管线没有普查、建档,已有的地下管线信息数据不全,且现有的管线资料普遍过时,新建管线在竣工后未经主管测量单位进行竣工测量审查,竣工资料归档措施乏力,未能向城市地下管线管理主管部门提供新建地下管线资料,导致新增管线资料未能及时归档入库、及时更新,城市地下管线"家底"不清楚的现象普遍存在。

3. 管线数据分散,缺乏信息共享,导致安全事故频发

由于各类型地下管线权属不同,且已有管线数据采取的标准、属性在内容及格式上存在一定的差异,使不同行业、种类,甚至同一行业不同权属单位之间的管线数据因基本内容不全面、格式不统一,在技术上导致现有管线资料和数据未能互通、共享。部分区域因重复工程施工过程中对地下管线的损坏,造成停水、停电、停气、停热、水道堵塞或通信中断等公共安全事故频繁发生。

4. 地下管线超负荷运行,安全隐患层出不穷

随着城市化进程的加快,原有配套管线的供给能力难以满足城市发展的新需求,很多城市建设初期埋设的老旧管线超负荷运行,存在一定的安全隐患。新建成的管线因外力(碾压、施工、冻融、管线内外部的腐蚀,所依附土体掏空、变形而导致的漂移等)作用或自身破损而引发的次生灾害也时有发生,对人民的生命、财产和安全造成巨大损失。

1.1.2　地下管线测量的目的及意义

地下管线测量是实现现代城市高质量管理的一项基础性工作,为地下管线信息的动态更新提供技术保障,应用在智慧化和数字化的城市管理中。地下管线测量的目的是获取地下管线精确、可靠、完整且现势性强的几何和属性数据,为城市的规划、设计、施工和管理服务。地下管线测量工作对完善城市管线资料库建设,推动地下管线的规范化、科学化管理具有重要的意义。

1.2　地下管线普查

1.2.1　地下管线的种类

城市地下管线是指敷设于地下,用于传送能源、信息和排泄废物等的管道(沟、廊)、线缆及附属设施。按其功能可分为给水、排水、燃气、热力、电力、通信和工业等城市管线。

1. 给水管线

给水管线按给水用途可分为工业给水、生活给水、消防给水等管线。给水管线的埋设方式多为直埋敷设。

2. 排水管线

排水管线按污水和雨水分流的原则规划,由雨水管沟和污水管道组成,大部分排水管线沿街道敷设,埋设方式多为直埋敷设。

3. 燃气管线

燃气管线根据用途分类可分为长距离输气管线、城市燃气管线(分配管道、用户引入管、室内燃气管道)、工业企业燃气管线等。其敷设方式主要有直埋敷设、架空敷设。

4. 热力管线

城市热力系统主要可分为工业供热、居民供热两大类。热力管线包括蒸汽管和热水管。其敷设方式一部分是架空的明管;另一部分是直埋或地下热力管沟的暗管。

5. 电力管线

电力管线大部分是埋地敷设,埋设方式为直埋、沟埋、管埋、管块。

6. 通信管线

通信管线大部分是埋地敷设,埋设方式为直埋、沟埋、管埋、管块。

7. 工业管线

工业管线主要有原油、天然气、乙烯、丙烯、汽油、柴油、液化气、渣油等管线,均采用直埋敷设。

故事链接

南越国(前203—前111年)渗水井,井口呈圆形,内径为1.16 m,深为3.08 m。井圈上部用弧形砖砌筑,下部用6节陶圈叠砌。井壁东、西两侧各有一个进水口与木质水槽相连接,用来收集地面生活污水和雨水,污水的泥沙经过沉积后再通过北侧的陶质管道排出宫外。

1.2.2　地下管线普查与更新

由于历史原因,城市建设"重地上、轻地下""重施工建设、轻资料管理",地下管线数量不清和管理水平低等问题日益凸显,大雨内涝、管线泄漏爆炸、施工挖断管线、道路反复开挖等事件屡见不鲜,使城市运行体系频受重创,给人们的生活和生命财产安全带来严重影响。根据《2020年全国地下管线事故分析报告》数据显示,2019年10月至2020年9月期间,全国发生地下管线相关事故1 008起,包括泄漏、断裂、火灾、爆炸、井盖类事故、设备设施损坏、路面塌陷、中毒窒息、城市内涝和坠落十类地下管线相关事故。其中,给水、排水、燃气、热力管道等泄漏事故数量最多,达到555起,其次为塌陷事故,有229起(图1-1)。

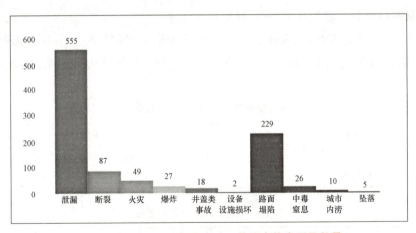

图 1-1　2019—2020 年国内地下管线事故类型及数量

党中央和国务院高度重视城市地下管线安全问题。2014年,国务院办公厅在第27号文《关于加强城市地下管线建设管理的指导意见》中要求"开展城市地下管线普查,建立综合管理信息系统"。2014年,住建部、工信部、新闻出版广电总局、安监总局、能源局联合发布《关于开展城市地下管线普查工作的通知》，要求"全面查清城市范围内的地下管线现状，获取准确的管线数据，掌握地下管线的基础信息情况和存在的事故隐患，明确管线责任单位，限期消除事故隐患。各城市在普查的基础上，整合各行业和权属单位的管线信息数据，建立综合管理信息系统；各管线行业主管部门和权属单位建立完善专业管线信息系统"。

目前，地下管线数据更新主要有三种模式。一是采用定期更新或补测补绘方式进行动态更新，地下管线动态更新列入城市基础测绘，费用纳入政府预算，委托相关测绘单位进行管线更新测绘，定期提供一次管线数据。二是按区域道路网格化管理的思路，采用专人、专区域，通过巡视，发现地下管线变化情况，进行管线补测，实现管线数据动态更新。三是覆土前跟踪测量，实现地下管线数据的实时更新入库，这种更新测量方式显著提高了地下管线测量精度。例如，合肥市创新实行竣工测量"两管控一服务"，并将管线测量费纳入主体工程投资的工作机制（"前端管控"即地下管线工程开工前需签订《竣工测量合同》；"后端管控"即地下管线工程竣工测量资料验收意见作为《建设工程档案合格证》核发要件；"一服务"即建立竣工测量单位定点库供建设单位抽取使用）。同时，通过施工审批、工程档案验收、市政设施绩效考核、建立定点单位库、落实测量费用、加强信用管理、定期汇交数据等一系列举措，并实施管线信息日跟踪、周更新管理，保证了地下管线数据库的现势性。

目前，全国大部分城市地下管线竣工测量执行效果并不理想，甚至有的城市因无法及时测量收集到地下管线竣工信息资料，导致完成的地下管线普查数据信息无法正常更新，普查成果在极短时间内丧失其使用价值。

1.2.3　地下管线普查原则

（1）管线普查应执行国家法律、法规、规范、标准和制度，履行普查合同规定的义务和职责；遵守国家的法律和政府的有关条例、规定与办法等。

（2）管线普查的首要职责是遵循国家、行业有关管线普查的标准（表1-1）、规范要求（表1-2），保证物探、测绘数据的准确性、真实性，并安全、快速、高效地进入管线信息系统，全面保证普查工作规定的要求。

表1-1　排水管线调查、整测的取舍标准

管线种类	取舍标准
排水	方沟≥200 mm×200 mm
（雨水、污水、合流）	内径≥200 mm

表1-2　排水管线调查的项目

管线类型	埋深		断面		材质	建筑物	附属物	传输物体特征			埋设年代	权属单位
	内底	外顶	管径	宽高				压力	流向	电压		
排水	△		△	△	▲	△	△		△		▲	▲
注：△为需要实地调查的项目；▲为需要权属单位配合实地调查的项目，若无权属单位则不需要调查此项目												

（3）不得泄露普查项目中需要保密的事项。管线普查涉及政府提供的机密性资料及文件，如地形图、测量控制成果、地下管线现况调绘及形成的管线普查成果基础性资料。管线普查单位在施工过程中需要接触并应用到的资料，普查单位应切实做好相关资料的保密工作，工程完工后应及时上交或销毁基础资料，以免造成重大损失。

（4）管线普查单位应坚持科学的态度和实事求是的原则，保持普查成果的正确性。城市地下管线现状资料是城市规划、建设、管理的基础资料，是现代化城市高效率、高质量运转的保证，也是地下管线安全运行的保证，是城市公共设施规划、设计、施工及运行管理的重要依据。在进行管线普查时，普查单位必须坚持科学的态度和实事求是的原则，把普查质量作为普查工作的第一要务，并认真做好适时培训工作，确保普查成果达到国家行业规程规范、合同的要求，保持普查成果的正确性。

（5）由于普查单位施工不当而造成损失的，普查单位要负责赔偿。管线普查切勿弄虚作假或随意推断，普查成果的好坏直接关系到政府在规划、设计、施工及运行管理方面的决策。普查成果质量低劣，易造成断电、停水、跑气等事故，引起火灾、爆炸、燃烧，甚至危及生命安全。

1.3 地下管线测量内容

地下管线测量工作内容包括控制测量和管线点测量。

地下管线测量前，应收集测区已有的控制资料和地形资料，对缺少已有控制点和地形图的地区，进行基本控制网的建立和地形图施测工作。地下管线控制测量应在城市等级控制网的基础上布设图根控制点。城市等级控制点密度不足时，按现行行业标准《城市测量规范》（CJJ/T 8—2011）和《卫星定位城市测量技术标准》（CJJ/T 73—2019）的要求加密等级控制点。

管线点测量内容应包括测定并计算管线点的平面坐标和高程、提供管线点测量成果。地下管线的平面位置测量宜采用极坐标法、解析法或导线串联法等方法测定，地下管线的高程测量宜采用水准测量方法，也可采用电磁波三角高程测量方法。管线点平面坐标和高程测定作业方法及要求应符合《城市地下管线探测技术规程》（CJJ 61—2017）的相关规定。另外，各项测量所使用的仪器设备必须经过检验和校正。其检校及观测值的改正应按《城市测量规范》（GJJ/T 8—2011）的有关规定执行。

1.3.1 地下管线控制测量

地下管线控制测量可分为平面控制测量和高程控制测量（图1-2）。地下管线控制测量是指为进行管线点联测及相关地物、地形测量而建立的等级和图根控制，具有控制全局、提供基准和控制测量误差积累的作用。所有控制点是测量地下管线点和地物点的依据，控制测量要求必须采用本城市统一的平面坐标系统和高程系统。

1.3.2 已有地下管线测量

已有管线点测量内容应包括测定并计算管线点的平面坐标和高程、提供管线点测量成果。测量内容包括管线两侧与邻近第一排建(构)筑物轮廓线之间的地形地物测量(称为带状地形图测量)和地下管线点连测。进行带状地形图测量,主要是为了保证地下管线与邻近地物有准确的参照关系,当测区没有相应比例尺地形图或现有地形图不能满足管线图的要求时,应采用数字测图技术,根据需要施测带状地形图(图1-3)。

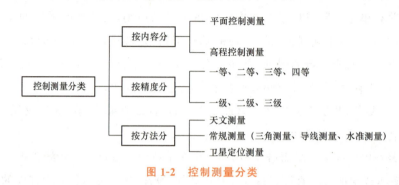

图 1-2 控制测量分类

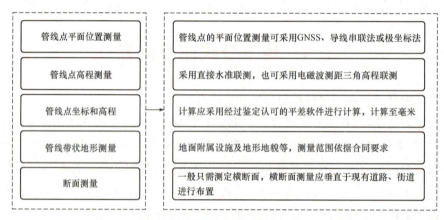

图 1-3 已有地下管线测量内容

1.3.3 地下管线放线测量

放线测量是把设计图上的管线放样(或称测设)到实地的施测方式,为管线精确定位和敷设提供质量保证。地下管线放线测量的工作内容包括前期准备、控制测量、管线点放线测量、内业计算、成果资料整理、产品质量检验和成果提交等。为放线测量布设的导线称为放线导线。放线导线一般按三级导线等级布设,主要技术要求(表1-3)应符合现行《城市地下管线探测技术规程》(CJJ 61—2017)相应条款的规定,一般包括放线准备、放线作业、成果整理与验收等内容。

表 1-3 放线测量技术要求

等级	闭合环或附合导线长度/km	平均边长/m	测距中差距/mm	方位角闭合差/(″)	导线全长相对闭合差
三级	1.5	120	≤±15	≤±24$\sqrt{n}$	≤1/6 000

1.3.4　地下管线竣工测量

竣工测量是指对新敷设管线进行测量，并绘制到管线图上，为规划、设计、施工和管理提供依据(图1-4)。地下管线竣工测量的工作内容主要包括前期准备、控制测量、管线点测量、内业计算、成果资料整理、产品质量检验和成果提交等。地下管线竣工测量在覆土前进行，当条件不具备时，应在覆土前设置管线待测点，将设置的位置引到地面，并绘制点之记。

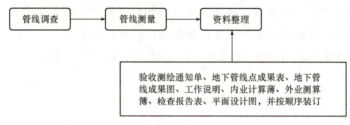

图1-4　确定技术路线、技术方案

1.3.5　地下管线图测绘与测量成果检查

地下管线图可分为专业管线图和综合管线图两种。专业管线图除描绘管线周围地形外，只包括单一专业管线；综合管线图则包括该区域内涵盖的各类型专业管线。地下管线地形图测量的基本方法与一般城市大比例尺地形图测量相同，只是在测量的内容上增加了地下空间(地下管线及其地下附属设施)的部分。地下管线图测绘以城市大比例尺地形图为基础(底图)，通过加测属于地下管线专业部分的内容，以及修测、补测地形图上与现状不符的部分，完成城市地下管线地形图的测绘。地下管线图测绘采用城市统一的平面坐标和高程系统，统一的图幅分幅方法和测绘技术标准。

地下管线测量成果质量检查时应遵循"均匀分布、随地下管线图测绘精度"的原则，地下管线与邻近的建筑物、相邻管线及规划道路中心线的间距较差在图上不得大于0.5 mm。质量检查工作均应填写记录，并在作业单位检查结束后编写测区质量自检报告。

1.4　地下管线测量精度

参照《城市地下管线探测技术规程》(CJJ 61—2017)的规定，用于测量地下管线的控制点相对于邻近控制点平面点位中误差和高程中误差不应大于50 mm。按照《城市测量规范》(CJJ/T 8—2011)中高程测量的精度等级的划分，城市GNSS高程测量可分为四等、图根和碎部三个等级，四等GNSS高程测量最弱点的高程中误差(相对于起算点)不得大于±20 mm。目前，在建设CORS的城市，地下管线点的高程测量充分利用现有技术条件采用RTK控制测量成为现实和趋势，与现行的《卫星定位城市测量技术标准》(CJJ/T 73—2019)和《城市测量规范》(CJJ/T 8—2011)相一致。

城市地下管线测量应以中误差作为衡量测量精度的标准，且以两倍中误差作为极限误差。地下管线点的平面位置测量中误差不应大于 50 mm（相对于该管线点起算点），高程测量中误差不应大于 30 mm（相对于该管线点起算点）。

在实际工作中，对于明显出露的管线，即地面能直接观察到管顶或管底，且使用钢卷尺或量杆能直接测量的，可以达到±25 mm 的精度要求。但由于管线埋设的复杂性，许多明显管线点在地表并不能直接看见出露管线，如通信人孔、热力井等大型窨井，同时，井中也没有明显的参照点能从地面一次性实现埋深测量，只能借助辅助工具下到井中，然后测量管线的出露位置。对于隐蔽管线点，主要通过物探方法获得相对位置和埋深。随着非开挖技术的应用推广，隐蔽管线点探查精度要求既综合考虑物探间接探查手段的局限性和探查技术的发展现状，又考虑对探查结果的不同需要，尤其是工程规划、设计阶段及工程施工和场地的探查。

📋 **知识拓展**

目前，地方标准对管线点高程测量精度做了规定：上海市工程建设规范《地下管线测绘规范》（DG/J 08—1985—2000）第 3.4.1 条、湖北省地方标准《湖北省城镇地下管线探测技术规程》（DB42/T 875—2019）第 4.8 条、安徽省地方标准《地下管线竣工测绘技术规程》（DB34/T 3325—2019）第 3.2.5 条均规定高程测量中误差不应大于±5 cm。合肥市燃气集团企业标准也规定管线点高程测量中误差不应大于±5 cm。

根据《地下管线核验测量和竣工测量技术规程》（T/CAS 427—2020），地下管线核验测量与竣工测量覆土前能够直接测量地下管线顶（底）高程的管线点高程测量中误差应不大于 50 mm。该规程对明显管线点的埋深量测精度规定见表 1-4。

表 1-4　明显管线点的埋深量测精度表

埋深/m	量测方式	中误差/mm	适用条件
<5	一次直接量测	≤25	在地面能观察到管顶（底）且用钢卷尺能直接量测
	分段量测累加	≤$25\sqrt{n}$	虽地面能观察到管线出露但无法从地面直接量测，如通信人孔等大型窨井
≥5	一次或分段量测	≤50	大口径深埋排水管道、电力隧道等

注：n 为边数

1.5　地下管线测量前期工作

地下管线测量前期工作包括资料收集、现场踏勘、对现有资料分析和评价及编写技术路线、技术方案等具体内容。

1.5.1　资料收集

地下管线测量前，需要全面收集和整理测区范围内已有的测绘资料与地下管线资料，包括相关的控制点资料及相应比例尺的地形图，各种管线

知识拓展：施工
图纸

的设计图、施工图、竣工图、电子版专业管线图、成果表等(图1-5)。具体收集的资料如下：

(1)1∶500、1∶1 000等各种比例尺的地形图；

(2)各种管线的设计图、施工图、竣工图、桩点图、电子版专业管线图、竣工测量图、外业探测成果图、报批的红线图；

(3)已有成果表；

(4)收集测区内已有的控制点和水准点成果,以及控制点点之记等测量资料,作为本测区内控制测量的起算依据；

(5)测区内自然、地理、社会情况、气象、交通等。

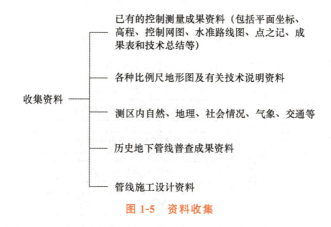

图1-5　资料收集

1.5.2　现场踏勘

通过现场踏勘了解整个测区地形的现势性,查看测区地物、地貌、地形类别,地球物理条件；核查测区及周边已有控制点的实地位置、分布情况,地形图的现势性、测绘成果资料的可靠性；了解及核查测区内地下管线的分布情况、地下管线的种类和结构,地下管线的埋设深度、埋设方式、埋设年代及材质等与城市交通状况、气候特点对施工的影响程度等。

1.5.3　对现有资料分析和评价

对现有资料分析和评价是在现场实地踏勘的基础上,对收集的资料进行进一步分析,主要从精度、密度和可靠性、准确性、现势性、统一性、一致性、规范性等方面加以分析并确定利用方式(直接利用、修补完善后利用、仅供参考使用、无利用价值等)。对现有资料的分析和评价主要包括平面控制的分析与评价、高程控制的分析与评价、地形图的分析与评价、管线资料的分析与评价、遥感影像资料的分析与评价(图1-6)。

1.5.4　编写技术路线、技术方案

在收集资料、现场踏勘、资料分析的基础上编写技术路线、技术方案(图1-7)。其内容主

要包括以下几个方面：

(1)任务来源、目的、任务量、作业范围、作业内容及完成期限；

(2)作业区环境概况和已有资料情况；

(3)设计书编写所引用的标准、规范及其他技术文件；

(4)成果主要技术指标和规格；

(5)作业所需的仪器类型、数量、精度指标，作业所需的数据处理、存储与传输设备；

(6)技术路线、工艺流程、各工序的作业方法、技术指标及质量保证措施等；

(7)提交归档资料的内容及要求；

(8)施工组织与进度安排；

(9)有关的设计附图、附表及其他技术要求。

提交的技术设计书，需经审核，审批通过后才可进行地下管线竣工测量或普查工作。

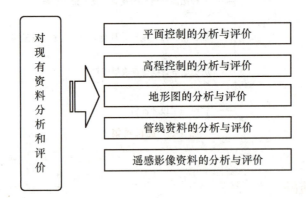

图 1-6　对现有资料分析和评价

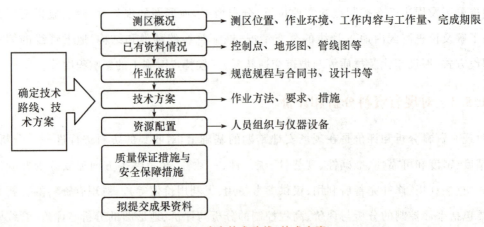

图 1-7　确定技术路线、技术方案

　　该地下管线测量项目的地域范围以荔园大道和荔城大道为界并适当延伸。任务要求按照《城市测量规范》(CJJ/T 8—2011)和《城市地下管线探测技术规程》(CJJ 61—2017)中的有关规定,更新荔园大道和荔城大道新增、变更的综合地下管线。对新建、扩建、改建的城市道路地下管线进行测量,对部分已建的城市道路管线进行修测,部分因道路改造的地下管线需要普查地下管线数据。

　　结合本项目的学习内容和项目要求,思考并回答以下问题:

　　(1)通过对本案例的分析,案例中涉及的测量内容包括哪些?

　　(2)在进行地下管线测量前,需要完成哪些前期工作?

案例解答

思考与练习

一、填空题

1. 地下管线测量包括 _____ 、_____ 、_____ 、_____ 、_____ 。

2. 地下管线的高程测量宜采用 _____ 方法。

3. 放线测量包括 _____ 、_____ 、_____ 等内容。

二、判断题

1. 放线测量中的导线全长相对闭合差应≤1/2 000。　　　　　　　(　)

2. 管线点平面位置测量中误差应≤30 mm。　　　　　　　　　　(　)

3. 通信人孔等大型窨井应采用分段量测累加的量测方式。　　　(　)

三、简答题

1. 简述地下管线现状及存在的问题。

2. 地下管线普查的原则有哪些?

3. 地下管线测量主要包括哪些内容?

4. 地下管线测量精度要求有哪些?

5. 地下管线测量前期工作有哪些?

6. 地下管线的种类包括哪些?

项目 2

地面点位测量工作

知识要点	能力要求	权重
测量学与地下管线工程建设	了解测量学及其分支学科;了解工程测量技术在地下管线工程建设中的作用和意义	10%
测量工作的基准线和基准面	了解地球形状和大小的有关概念;掌握测量工作的基准线和基准面	25%
地面点定位的方法	了解地面点位置及坐标系统技术参数;熟悉工程建设中常用的平面坐标系统、高程坐标系统;掌握直线定向和坐标计算	35%
测量工作基础	熟悉测定和测设的联系与区别;掌握测量工作的基本原则;了解工程测量中用水平面代替水准面对角度测量、距离测量、高程测量的影响	30%

项目描述

　　测量人员进行地下管线测量,需要根据项目要求选择坐标系,并在此基础上确定地下管线点的平面坐标和高程位置(或埋深)。工程技术人员通过学习地面点定位确定的方法,掌握测量基本理论和技术原理,能够熟练地选取工程建设中常用的坐标系统和高程系统,且进行直线定向和坐标计算。

　　测量工作是一项严谨、细致的工作,可谓"失之毫厘,谬以千里"。测量工作必须遵循"从整体到局部、先控制后碎部、复测复算、步步检核"的原则。测量人员应具备"质量第一"的观念、严肃认真的工作态度,并确保测量成果的真实性、客观性和原始性。

学习本项目内容后,应该达到以下目标:

(1)了解测量学及其分支学科;

(2)了解工程测量技术在地下管线工程建设中的作用和意义;

(3)了解地球体的有关概念;

(4)掌握测量工作的基准线和基准面;

(5)熟悉坐标系统选择的原理和方法,能够熟练选取工程建设中常用的平面坐标系统和高程坐标系统;

(6)熟悉测定和测设的联系与区别;

(7)掌握直线定向与坐标计算;

(8)了解工程测量中用水平面代替水准面对角度测量、距离测量、高程测量的影响;

(9)掌握测量工作的基本原则和要求,能够确保测量成果的真实性、客观性和原始性。

学习地面点位置确定的方法,掌握测量基本理论和技术原理,选取坐标系统和高程系统,并进行直线定向和坐标计算。认识测量工作的基本原则,严格遵守测量工作的基本要求。

《史记·夏本纪》记载:"左准绳,右规矩,载四时,以开九州,通九道,陂九泽,度九山",描述了大禹实施治水工程前进行测量的情形:大禹左手拿着准和绳,右手拿着规和矩,还装载着测四时定方向的仪器,开发九州土地,疏导九条河道,修治九个大湖,测量九座大山。《史记·夏本纪》还记载:"(禹)行山表木,定高山大川。"其中,"行"和"表"在此都有"刻画"的意思,意思是说在治水过程中,大禹在各个测量点竖立起了带(刻画)有一定计量数值的木桩标杆,对山体和河流进行大小测定与位置量测,即地面点位测量工作。

在进行管线点位测量时,要区别测量工作的内容,弄清楚测量工作的基准线和基准面,运用高斯投影将球面坐标转换为高斯平面直角坐标,运用测量仪器和工具,通过测量与计算,确定地面点在坐标系中的位置,为地下管线规划设计、施工、检查、竣工、验收等提供准确数据。

2.1 测量学与地下管线工程建设

2.1.1 测量学及其分支学科

测量学是研究地球的形状、大小及地表(包括地面上各种物体)的几何形状与其空间位置的科学。测量工作主要有两个方面:一方面是将各种现有地面物体的位置和形状,以及地面的起伏状态等,用图形或数据表示出来,为测量工作提供依据,称为测定或测绘;另一方面将规划设计和管理等工作形成的图纸上的建筑物、构筑物或其他图形的位置在现场标定出来,作为施工的依据,称为测设或放样。

测量学按照研究范围、研究对象及采用技术手段的不同,可分为大地测量学、摄影测量学、地图学、工程测量学、海洋测绘学分支学科。

1. 大地测量学

大地测量学是研究地球表面及其内部较大区域甚至整个地球的形状、大小和位置等内容的测绘学科。基本任务是建立地面控制网、重力网,精确测定控制点的空间三维位置,为地形测图提供控制基础及各类工程施工测量提供依据。

2. 摄影测量学

摄影测量学是研究摄影影像与被摄物体之间的内在几何和物理关系,进行分析处理和解译,以确定被摄物体的形状、大小和空间位置,并判定其性质的一门学科。按距离远近,摄影测量可分为航天摄影测量、航空摄影测量、地面摄影测量、近景摄影测量、显微摄影测量;按用途,摄影测量可分为地形摄影测量与非地形摄影测量;按处理手段,摄影测量可分为模拟摄影测量、解析摄影测量和数字摄影测量。

3. 地图学

地图学是研究模拟和数字地图的基础理论、设计、编绘、复制的技术方法及应用的测绘学科。利用地图图形信息反映自然界和人类社会各种形象的空间分布、相互联系及其动态变形。计算机制图技术和地图制图数据库的发展,促使地理信息系统(GIS)产生,使数字地图成为21世纪测绘工作的基础和支柱。

4. 工程测量学

工程测量学是研究工程建设和自然资源开发中在规划、勘测设计施工及运营管理各个阶段进行的控制测量、大比例尺地形测绘、地籍测绘、施工放样、设备安装、变形监测及分析与预报等的理论与技术的学科。工程测量学是一门应用学科,按其对象可分为工业建设工程测量、城市建设工程测量、公路铁路工程测量、桥梁工程测量、隧道与地下工程测量、水利水电工程测量、管线工程测量等。

5. 海洋测绘学

海洋测绘学是以海洋和陆地水域为对象,研究港口、码头、航道、水下地形的测量及海图绘制的理论、技术和方法的学科。其内容包括海洋大地测量、海道测量、海底地形测量和海图编制。

2.1.2 工程测量学在地下管线工程中的作用

管线工程测量属于工程测量学的范畴,是工程测量学在地下管线工程建设领域中的具体表现。工程测量学在地下管线工程中的作用主要有以下几点。

1. 大比例尺地形图测绘

在规划设计阶段，应测绘地下管线工程所在地区的大比例尺地形图，以便详细地表达地物和地貌的现状，为规划设计提供依据。在工程实施阶段，有时需要测绘更详细的局部地形图，或者根据施工现场变化的需要，测绘反映地下管线某施工阶段现状的地形图，作为施工组织管理和土方等工程量预结算的依据。在竣工验收阶段，应测绘并编制全面反映工程竣工时所有管线方面现状的地形图，为验收及今后的运营管理工作提供依据。

2. 施工测量

在施工阶段，施工测量工作贯穿地下管线施工的全过程。通过放样测量，确定地下管线不同部位的实地位置，并用桩点或线条标定出来，才能进行施工。例如，地下管线基础工程的基槽（坑）开挖施工前，先将图样上设计好的地下管线的轴线标定到地面上，并引测到开挖范围以外保护起来，再放样出开挖边线和 ± 0.000 m 的设计标高线，指导开挖工作。每道工序施工完成后，还要及时对施工各部位的尺寸、位置和标高进行检核测量，作为检查、验收和竣工资料的依据。

3. 变形观测

对一些大型的、重要的或位于不良地基上的管线的施工，在施工过程中和运营管理期间，要定期进行变形观测，以监测其稳定性，为确保工程的安全性提供依据。地下管线的变形一般有沉降、水平位移、裂缝等，通过测量掌握变形的出现、发展和变化规律，以保证地下管线的安全使用。

随着科学技术的发展，地下管线工程测量的技术水平也得到了很大的提高。目前，除常规测量仪器工具（如光学经纬仪、光学水准仪和钢尺等）外，现代化的测量仪器（如电子经纬仪、电子水准仪和电子全站仪等）也已普及，提高了测量工作的速度、精度、可靠度和自动化程度。一些专用激光测量仪器（如用于大面积场地精确自动找平的激光扫平仪和用于地下开挖指向的激光经纬仪等）的应用，为地下管线的施工提供了更高效、更准确的测量技术服务。利用卫星测定地面点坐标的新技术——全球导航卫星系统（GNSS），也逐渐被应用于地下管线工程测量中，该技术作业时不受气候、地形和通视条件的影响，只需将卫星接收机安置在需要施测的地面点上，通过接收不同的卫星信号，计算出该点的三维坐标，这与传统测量技术相比是质的飞跃。

2.2 测量工作的基准线和基准面

测量在地球表面进行，测量工作与地球体有着密切关系，必然涉及地球形状和大小的有关概念。

2.2.1 地球的形状和大小

地球自然表面大部分是海洋，面积占地球表面的 71%，陆地只占地球表面的 29%。地球的表面是极不规则的曲面，它上面有高山、平原、江河、湖泊，有位于我国西藏高原上，高于海平面 8 848.86 m 的珠穆朗玛峰；有位于太平洋西部，低于海平面 11 022 m 的马里亚纳海沟，形状十分复杂。但与地球平均半径 6 371 km 相比,最大起伏不到半径的 1/320,在一般研究中可以忽略不计。

大地水准面是指与平均海水面重合并延伸到大陆内部的水准面。由于大地水准面是一个不规则的曲面,不能用数学公式表述,因而需要寻找一个理想的几何体代表地球的形状和大小。该几何体必须满足以下两个条件:

(1)形状接近地球自然形体;

(2)可以用简单的数学公式表示。

为了便于用数学模型来描述地球的形状和大小,取大小与大地体(图 2-1)非常接近的旋转椭球体作为地球的参考形状和大小,因此,旋转椭球体又称为参考椭球体(图 2-2),其表面又称为参考椭球面。

1975 年,国际大地测量与地球物理联合会推荐的参考椭球体参数为

$$a = 6\ 378\ 140\ m, b = 6\ 356\ 755\ m$$

$$扁率:\alpha = (a - b)/a = 1/298.257$$

由于参考椭球体的扁率很小,因此在测量精度要求不高的情况下,可以将地球看作圆球,其半径为 6 371 km。

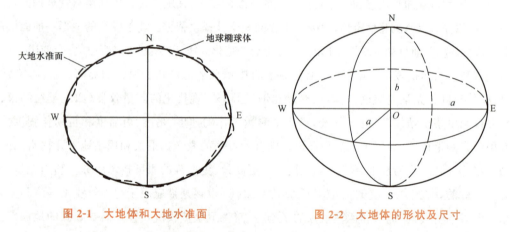

图 2-1 大地体和大地水准面   图 2-2 大地体的形状及尺寸

2.2.2 测量工作的基准面和基准线

重力是指地球引力与离心力的合力,每处与重力方向垂直正交的连续曲面称为水准面。任何自由静止的水面都是水准面,水准面因其高度不同而有无数个;其中与不受风浪和潮汐影响的静止海水面相吻合的水准面称为大地水准面,即设想处于完全静止的平均海水面向陆地和岛屿延伸所形成的闭合曲面。由于地球内部的质量分布不均匀,所以,地面上各点的铅垂线方向随之产生不规则变化,致使大地水准面成为有微小起伏的不规则曲面(图 2-3)。测量工作的坐标系通常建立在参考椭球面上,当测量地域面积不大时,对参考椭球面与大地水准面之间的差距可以忽略不计。

铅垂线是指重力的方向线,可通过悬挂垂球的细线方向来表示(图 2-4)。大地水准面与铅垂线垂直,通过将地面点向大地水准面作铅垂投影来确定位置。因此,在测量工作中将铅垂线作为测量工作的基准线;将大地水准面作为测量工作的基准面。

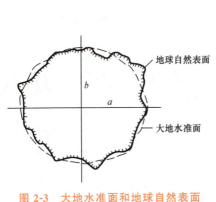

图 2-3　大地水准面和地球自然表面

图 2-4　铅垂线

2.3　地面点定位的方法

2.3.1　地面点位坐标

如图 2-5 所示,设想将地面上高度不同的 A、B、C 三个点分别沿铅垂线方向投影到大地水准面 p' 上,得到相应的投影点 a'、b'、c',这些点分别表示地面点在球面上的相应位置。如果在测区的中央作水平面 p 并与水准面 p' 相切,过 A、B、C 各点的铅垂线与水平面相交于 a、b、c,即地面点在水平面上的位置。

由此可见,地面点的空间位置可以用点在水准面或水平面上的位置及点到大地水准面的铅垂距离来确定。地面点位是指地面上该点所处的三维空间坐标,即 X、Y、Z 坐标。在测量工作中通过水平角测量、水平距离测量及高程测量确定点的位置。

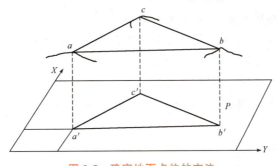

图 2-5　确定地面点位的方法

2.3.2　平面坐标系统

坐标用于表示地面点位置,并从属于某种坐标系统的技术参数。地面点在大地水准面上的投影位置,可用地理坐标、平面直角坐标和空间直角坐标表示。在工程建设中,常用的坐标系统有大地坐标系统、高斯平面直角坐标系统和独立平面直角坐标系统三种。

1. 大地坐标系统

地面点在球面上的位置常用经度λ和纬度φ来表示地面,称为地理坐标。

如图2-6所示,N、S分别是地球的北极和南极,NS称为地轴。包含地轴的平面称为子午面。子午面与地球的交线称为子午线。通过原格林尼治天文台的子午面称为首子午面。过地面上任意一点P的子午面与首子午面的夹角称为P点的经度。由首子午面向东量称为东经,向西量称为西经,其取值范围为0°~180°。

通过地心且垂直于地轴的平面称为赤道面。过P点的铅垂线与赤道面的夹角φ称为P点的纬度。由赤道面向北量称为北纬,向南量称为南纬,其取值范围为0°~90°。

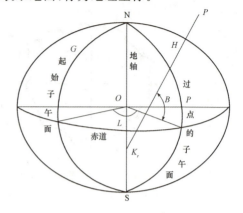

图2-6 地理坐标

我国位于东半球和北半球,所以,各地的地理坐标都是东经和北纬,如北京的地理坐标为东经116°28′,北纬39°54′。

2. 高斯平面直角坐标系统

由于地理坐标是球面坐标,在工程建设规划、设计、施工中,测量和计算十分不便。因此,须将球面坐标按一定数学法则归算到平面上,即测量工作中所称的投影。我国采用的是高斯投影法。

利用高斯投影法建立的平面直角坐标系,称为高斯平面直角坐标系。在区域内确定点的平面位置,一般采用高斯平面直角坐标。

高斯投影法是将地球划分成若干带,然后将每带投影到平面上。

知识拓展

高斯投影的特性

(1)中央子午线投影后为直线,且长度不变;

(2)除中央子午线外,其余子午线的投影均凹向中央子午线的曲线,并以中央子午线为对称轴,投影后有长度变形;

(3)赤道线投影后为直线,但有长度变形;

(4)除赤道外的其余纬线,投影后为凸向赤道的曲线,并以赤道为对称轴;

(5)经线与纬线投影后仍然保持正交。

视频:高斯投影
的原理

如图2-7所示,投影带是从首子午线起,每隔经度6°划分一带,称为6°带,将整个地球划分成60个带。带号从首子午线起自西向东编,0°~6°为第1号带,6°~12°为第2号带等。位于各带中央的子午线,称为中央子午线,第1号带中央子午线的经度为3°,各号带中央子午线的经度λ₀,可按式(2-1)计算。

$$\lambda_0 = 6°N - 3° \tag{2-1}$$

式中 N——6°带的带号。

将地球看作圆球,并设想把投影面卷成圆柱面套在地球上,如图2-8所示,使圆柱的轴心通过圆球的中心,并与某6°带的中央子午线相切,将该6°带上的图形投影到圆柱面上,然后将圆柱面沿过南、北极的母线 L 剪开,并展开成平面,这个平面称为高斯投影平面(图2-9)。中央子午线和赤道的投影是两条互相垂直的直线。

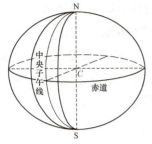

图 2-7 高斯平面直角坐标的分带

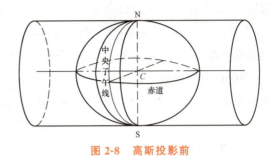

图 2-8 高斯投影前

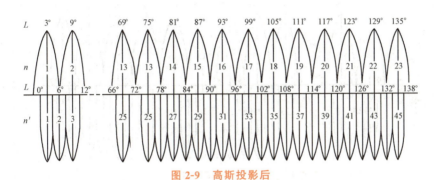

图 2-9 高斯投影后

中央子午线的投影为高斯平面直角坐标系的纵轴 x,向北为正;赤道的投影为高斯平面直角坐标系的横轴 y,向东为正;两坐标轴的交点为坐标原点 O。由此建立了高斯平面直角坐标系(图2-10)。

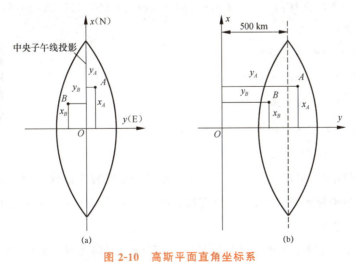

图 2-10 高斯平面直角坐标系

(a)坐标原点西移前;(b)坐标原点西移后

地面点的平面位置可用高斯平面直角坐标 x、y 来表示。由于我国位于北半球,x 坐标均为正值，y 坐标则有正有负，如图 2-10(a) 所示，$y_A = +136\ 780$ m，$y_B = -272\ 440$ m。为了避免 y 坐标出现负值，将每带的坐标原点向西移 500 km，如图 2-10(b) 所示，纵轴西移后：

$$y_A = 500\ 000 + 136\ 780 = 636\ 780(\text{m})；y_B = 500\ 000 - 272\ 440 = 227\ 560(\text{m})$$

规定：在横坐标值前冠以投影带带号。如 A、B 两点均位于第 20 号带，则：

$$y_A = 20\ 636\ 780\ \text{m}，y_B = 20\ 227\ 560\ \text{m}$$

当要求投影变形更小时，可采用 3° 带投影。如图 2-11 所示，3° 带是从东经 1°30′ 开始，每隔经度 3° 划分一带，将整个地球划分成 120 个带。每带按前面所述方法，建立各自的高斯平面直角坐标系。各带中央子午线的经度 λ'_0，可按式(2-2)计算。

$$\lambda'_0 = 3°n \tag{2-2}$$

式中 n——3° 带的带号。

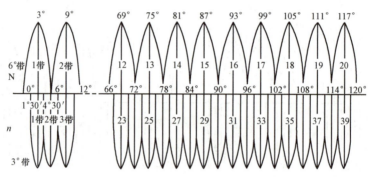

图 2-11 高斯平面直角坐标系 6° 带投影与 3° 带投影的关系

典型案例

有一国家控制点的坐标：$x = 3\ 102\ 467.280$ m，$y = 19\ 367\ 622.380$ m，结合上述内容，思考并回答以下问题：

(1) 该点位于 6° 带的第几带？

(2) 该带中央子午线经度是多少？

(3) 该点在中央子午线的哪一侧？

(4) 该点与中央子午线和赤道的距离为多少？

案例解答

3. 独立平面直角坐标系统

当测区范围较小时，可以用测区中心点 a 的水平面来代替大地水准面。在这个平面上建立的测区平面直角坐标系，称为独立平面直角坐标系。在局部区域内确定点的平面位置可以采用独立平面直角坐标系。

如图 2-12 所示，在独立平面直角坐标系中，规定南北方向为纵坐标轴，记作 x 轴，x 轴向北为正，向南为负；以东西方向为横坐标轴，记作 y 轴，y 轴向东为正，向西为负；坐标原点 O 一般选在测区的西南角，使测区内各点的 x、y 坐标均为正值；坐标象限按顺时针方向编号，其目的是便于将数学中的公式直接应用到测量计算中，而不需做任何变更(图 2-13)。

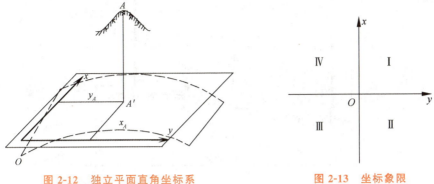

图 2-12 独立平面直角坐标系   图 2-13 坐标象限

2.3.3 高程坐标系统

地面点到大地水准面的铅垂距离称为该点的绝对高程,简称高程,用 H 表示。如图 2-14 所示,地面点 A、B 的高程分别为 H_A、H_B。

目前,我国采用的是"1985 年国家高程基准",在青岛建立了国家水准原点,其高程为 72.260 m。也可以假定一个水准面作为高程起算点,地面点到假定水准面的铅垂距离称为该点的相对高程。如图 2-14 所示,H_A'、H_B' 分别表示 A、B 两点的相对高程。

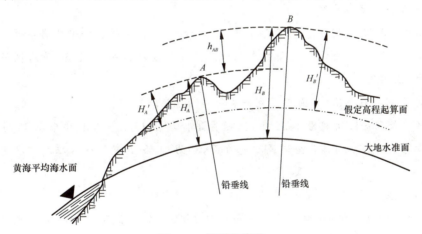

图 2-14 高程和高差

地面两点间的高程之差称为高差,用 h 表示。高差有方向和正负。A、B 两点的高差为

$$h_{AB} = H_B - H_A \qquad (2-3)$$

当 h_{AB} 为正时,B 点高于 A 点;当 h_{AB} 为负时,B 点低于 A 点。B、A 两点的高差为

$$h_{BA} = H_A - H_B \qquad (2-4)$$

A、B 两点的高差与 B、A 两点的高差绝对值相等,符号相反,即

$$h_{BA} = -h_{AB} \qquad (2-5)$$

【例 2-1】 如图 2-15 所示,已知 A 点高程 $H_A = 452.623$ m,后视读数 $a = 1.571$ m,前视读数 $b = 0.685$ m,求 B 点高程 H_B。

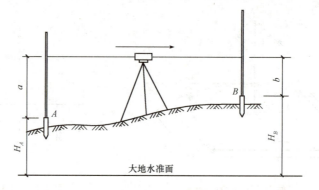

图 2-15 例 2-1 图

解：$H_B = H_A + h_{AB} = H_A + (a-b)$
$$= 452.623 + (1.571 - 0.685)$$
$$= 453.509(\text{m})$$

答：B 点高程为 453.509 m。

1. 1956 年黄海高程系统

我国以青岛验潮站 1950—1956 年 7 年间的验潮资料推求的黄海平均海水面作为我国的高程基准面，即"1956 年黄海平均高程面"，以此建立的高程系叫作"1956 黄海高程系"，水准原点高程为 72.289 m。

2. 1985 国家高程基准（目前我国统一采用的高程基准）

海洋潮汐长期变化周期为 18.6 年，根据青岛验潮站 1952—1979 年中取 19 年的验潮资料推求的黄海平均海水面作为全国高程基准面，称为 1985 国家高程基准。水准原点的高程为 72.260 m。

3. 水准原点

为了维护平均海水面的高程，必须设立与验潮站相联系的水准点作为高程起算点，该水准点叫作水准原点。水准原点是全国高程的起算点，1985 国家高程基准水准原点建立在青岛市观象山。

2.4　测量工作基础

2.4.1　测定和测设

在实际测量工作中，地面点的平面坐标和高程一般不是直接测定，而是间接测定的，通常是测出待定点与已知点之间的几何关系，然后推算出待定点的平面坐标和高程。一定数量点的组合，表示出地物和地貌的位置形状与大小，这些点反映了地物和地貌的几何特征，称为碎部点。

测量的主要工作是测定和测设。测定是将实地上的地形碎部点测绘到图纸上；测设则相反，是将图纸上建（构）筑物的碎部点标定到实地上。无论是测定还是测设，一个测区内要测量的碎部点通常很多，为了避免测量错误的出现和测量误差的积累，保证测区内所有地物和地貌的点位具有必要的精度，使所测绘的地形图的内容准确，或者使所测设的建（构）筑物的位置及尺寸关系正确，测区内的测量工作必须按照一定的程序，遵循一定的原则来进行。

2.4.2　用水平面代替水准面的限度

当测区范围较小，用水平面代替水准面所产生的误差不超过测量误差的容许范围时，可以用水平面代替水准面。但是在多大的面积范围内才容许这种代替，有必要加以讨论。下面探讨用水平面代替水准面对距离、水平角和高程的影响，以便给出限制水平面代替水准面的限度。

1. 对距离的影响

如图 2-16 所示，地面上 A、B 两点在大地水准面上的投影点是 a、b，用过 a 点的水平面代替大地水准面，则 B 点在水平面上的投影为 b'。

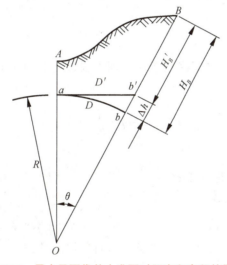

图 2-16　用水平面代替水准面对距离和高程的影响

设 ab 的弧长为 D，ab' 的长度为 D'，球面半径为 R，D 所对圆心角为 θ，则以水平长度 D' 代替弧长 D 所产生的误差 ΔD 为

$$\Delta D = D' - D = R\tan\theta - R\theta = R(\tan\theta - \theta) \tag{2-6}$$

将 $\tan\theta$ 用级数展开为

$$\tan\theta = \theta + \frac{1}{3}\theta^3 + \frac{5}{12}\theta^5 + \cdots \tag{2-7}$$

因为 θ 角很小，所以只取前两项代入式（2-6），得

$$\Delta D = R\left(\theta + \frac{1}{3}\theta^3 - \theta\right) = \frac{1}{3}R\theta^3 \tag{2-8}$$

又因 $\theta=\dfrac{D}{R}$，则

$$\Delta D=\frac{D^3}{3R^2} \tag{2-9}$$

$$\frac{\Delta D}{D}=\frac{D^2}{3R^2} \tag{2-10}$$

取地球半径 $R=6\,371$ km，并以不同的距离 D 值代入式(2-9)和式(2-10)，则可求出距离误差 ΔD 和相对误差 $\Delta D/D$，见表 2-1。

表 2-1　水平面代替水准面的距离误差和相对误差

距离 D/km	距离误差 ΔD/mm	相对误差 $\Delta D/D$
10	8	1∶1 220 000
20	128	1∶200 000
50	1 026	1∶49 000
100	8 212	1∶12 000

结论：在半径为 10 km 的范围内进行距离测量时，可以用水平面代替水准面，不必考虑地球曲率对距离的影响。

2. 对水平角的影响

从球面三角学可知，同一空间多边形在球面上投影的各内角和，比在平面上投影的各内角和大一个球面角超值 ε。

$$\varepsilon=\rho\cdot\frac{P}{R^2} \tag{2-11}$$

式中　ε——球面角超值(″)；

　　　P——球面多边形的面积(km²)；

　　　R——地球半径(km)；

　　　ρ——弧度的秒值，$\rho=206\,265''$($\rho=180\times3\,600/\pi=206\,264.806\,247\,096\approx206\,265$)。

以不同的面积 P 代入式(2-11)，可求出球面角超值，见表 2-2。

表 2-2　水平面代替水准面的水平角误差

球面多边形面积 P/km²	球面角超值 ε/(″)
10	0.05
50	0.25
100	0.51
300	1.52

结论：当面积 P 为 100 km²，进行水平角测量时，可以用水平面代替水准面，而不必考虑地球曲率对距离的影响。

3. 对高程的影响

如图 2-14 所示，地面点 B 的绝对高程为 H_B，用水平面代替水准面后，点 B 的高程为

$H_B{}'$，H_B 与 $H_B{}'$ 的差值，即水平面代替水准面产生的高程误差，用 Δh 表示，则

$$(R+\Delta h)^2 = R^2 + D'^2 \tag{2-12}$$

$$\Delta h = \frac{D'^2}{2R+\Delta h} \tag{2-13}$$

在式(2-13)中，可以用 D 代替 D'，相对于 $2R$ 很小，可略去不计，则

$$\Delta h = \frac{D^2}{2R} \tag{2-14}$$

以不同的距离 D 值代入式(2-14)，可求出相应的高程误差 Δh，见表 2-3。

表 2-3　水平面代替水准面的高程误差

距离 D/km	0.1	0.2	0.3	0.4	0.5	1	2	5	10
Δh/mm	0.8	3	7	13	20	78	314	1 962	7 848

结论：用水平面代替水准面，对高程的影响是很大的，因此，在进行高程测量时，即使距离很短，也应考虑地球曲率对高程的影响。

2.4.3　直线定向与坐标计算

1. 直线定向

确定地面上两点之间的相对位置，除需要测定两点之间的水平距离外，还需要确定两点所连直线的方向。一条直线的方向是根据某一标准方向来确定的。确定直线与标准方向之间的关系，称为直线定向。

标准方向的分类如下：

(1)真子午线方向(真北方向)。通过地球表面某点的真子午线的切线方向，称为该点的真子午线方向。真子午线方向可用天文测量方法测定。

(2)磁子午线方向(磁北方向)。磁子午线方向是在地球磁场作用下，磁针在某点自由静止时其轴线所指的方向。磁子午线方向可用罗盘仪测定。

(3)坐标纵轴方向(坐标北方向)。在高斯平面直角坐标系中，坐标纵轴线方向就是地面点所在投影带的中央子午线方向。在同一投影带内，各点的坐标纵轴线方向是平行的。

直线方向的表示方法如下：

(1)方位角。在测量工作中，常采用方位角表示直线的方向。从直线起点的标准方向北端起，顺时针方向量至该直线的水平夹角，称为该直线的方位角。方位角取值范围为 $0°\sim360°$。因标准方向有真子午线方向、磁子午线方向和坐标纵轴方向之分，对应的方位角分别称为真方位角(用 A 表示)、磁方位角(用 A_m 表示)和坐标方位角(用 α 表示)(图 2-17)。

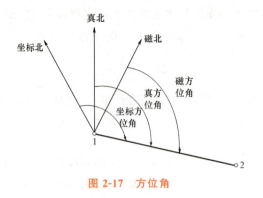

图 2-17　方位角

（2）象限角。由坐标纵轴的北端或南端起，沿顺时针或逆时针方向量至直线的锐角，称为该直线的象限角，用 R 表示。其角值范围为 $0°\sim90°$。如图 2-18 所示，直线 $O1$、$O2$、$O3$ 和 $O4$ 的象限角分别为北东 R_{O1}、南东 R_{O2}、南西 R_{O3} 和北西 R_{O4}。

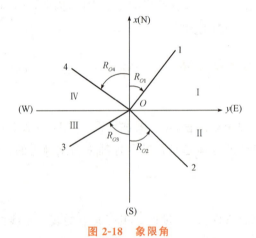

图 2-18　象限角

2. 坐标方位角与象限角的换算关系

由图 2-19 可以看出坐标方位角与象限角的换算关系：在第 Ⅰ 象限，$R=\alpha$；在第 Ⅱ 象限，$R=180°-\alpha$；在第 Ⅲ 象限，$R=\alpha-180°$；在第 Ⅳ 象限，$R=360°-\alpha$。

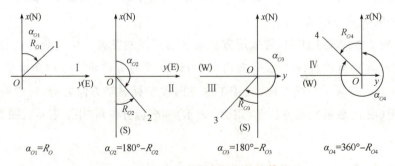

图 2-19　坐标方位角与象限角的换算关系

(1)三种方位角之间的关系。因标准方向选择的不同,使一条直线有不同的方位角,如图 2-20 所示。过 1 点的真北方向与磁北方向之间的夹角称为磁偏角,用 δ 表示。过 1 点的真北方向与坐标纵轴北方向之间的夹角称为子午线收敛角,用 γ 表示。

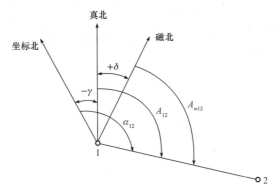

图 2-20　三种方位角之间的关系

δ 和 γ 的符号规定相同:当磁北方向或坐标纵轴北方向在真北方向东侧时,δ 和 γ 的符号为"+";当磁北方向或坐标纵轴北方向在真北方向西侧时,δ 和 γ 的符号为"-"。同一直线的三种方位角之间的关系为

$$A = A_m + \delta \tag{2-15}$$

$$A = \alpha + \gamma \tag{2-16}$$

$$\alpha = A_m + \delta - \gamma \tag{2-17}$$

(2)坐标方位角的推算。

1)正、反坐标方位角。如图 2-21 所示,以点 A 为起点、点 B 为终点的直线 AB 的坐标方位角 α_{AB},称为直线 AB 的坐标方位角。而直线 BA 的坐标方位角 α_{BA},称为直线 AB 的反坐标方位角。正、反坐标方位角之间的关系为

$$\alpha_{AB} = \alpha_{BA} \pm 180° \tag{2-18}$$

图 2-21　正、反坐标方位角

2)坐标方位角的推算。在实际工作中并不需要测定每条直线的坐标方位角,而是通过与已知坐标方位角的直线联测后,推算出各直线的坐标方位角。如图 2-22 所示,已知直线 12 的坐标方位角 α_{12},观测了水平角 β_2 和 β_3,要求推算直线 23 和直线 34 的坐标方位角。

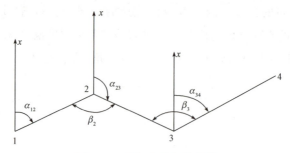

图 2-22 坐标方位角的推算

由图 2-22 可以看出,因 β_2 在推算路线前进方向的右侧,该转折角称为右角;β_3 在左侧,称为左角。从而可归纳出推算坐标方位角的一般计算公式为

$$\alpha_前 = \alpha_后 - 180° + \beta_左 \qquad (2-19)$$

$$\alpha_前 = \alpha_后 - 180° + \beta_右 \qquad (2-20)$$

计算中,如果 $\alpha_前 > 360°$,应自动减去 $360°$;如果 $\alpha_前 < 0°$,则自动加上 $360°$。

📋 **典型案例**

已知 $\alpha_{12} = 46°$,β_2、β_3 及 β_4 的角值均注于图 2-23 上,试计算其余各边坐标方位角。

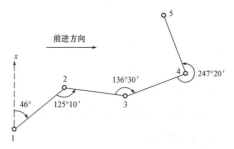

图 2-23 典型案例图

案例解答

(3)坐标计算的基本公式。

1)坐标正算。根据直线起点的坐标、直线长度及其坐标方位角计算直线终点的坐标,称为坐标正算。如图 2-24 所示,已知直线 AB 起点 A 的坐标为 (x_A, y_A),AB 边的边长及坐标方位角分别为 D_{AB} 和 α_{AB},需计算直线终点 B 的坐标。

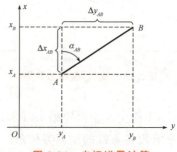

图 2-24 坐标增量计算

直线两端点 A、B 的坐标值之差,称为坐标增量,用 Δx_{AB}、Δy_{AB} 表示。由图 2-24 可以看出坐标增量的计算公式为

$$\Delta x_{AB} = x_B - x_A = D_{AB}\cos\alpha_{AB}$$
$$\Delta y_{AB} = y_B - y_A = D_{AB}\sin\alpha_{AB}$$

(2-21)

根据式(2-21)计算坐标增量时,sin 和 cos 函数值随着 α 角所在象限而有正负之分,因此,算得的坐标增量同样具有正、负号。坐标增量正、负号的规律见表 2-4。

表 2-4　坐标增量正、负号的规律

象限	坐标方位角 α	Δx	Δy
Ⅰ	0°～90°	＋	＋
Ⅱ	90°～180°	－	＋
Ⅲ	180°～270°	－	－
Ⅳ	270°～360°	＋	－

则 B 点坐标的计算公式为

$$x_B = x_A + \Delta x_{AB} = x_A + D_{AB}\cos\alpha_{AB}$$
$$y_B = y_A + \Delta y_{AB} = y_A + D_{AB}\sin\alpha_{AB}$$

(2-22)

【例 2-2】 已知 AB 边的边长及坐标方位角 $D_{AB}=135.62$ m,$\alpha_{AB}=80°36'54''$,若 A 点的坐标 $x_A=435.56$ m,$y_A=658.82$ m,试计算终点 B 的坐标。

解:根据式(2-22)得

$$x_B = x_A + D_{AB}\cos\alpha_{AB} = 435.56 + 135.62 \times \cos 80°36'54'' = 457.68(\text{m})$$

$$y_B = y_A + D_{AB}\sin\alpha_{AB} = 658.82 + 135.62 \times \sin 80°36'54'' = 792.62(\text{m})$$

2)坐标反算。根据直线起点和终点的坐标,计算直线的边长和坐标方位角,称为坐标反算。如图 2-24 所示,已知直线 AB 两端点的坐标分别为 (x_A,y_A) 和 (x_B,y_B),则直线边长 D_{AB} 和坐标方位角 α_{AB} 的计算公式为

$$D_{AB} = \sqrt{\Delta x_{AB}^2 + \Delta y_{AB}^2}$$

(2-23)

$$\alpha_{AB} = \arctan\frac{\Delta y_{AB}}{\Delta x_{AB}}$$

(2-24)

应该注意的是坐标方位角的角值范围为 0°～360°,而 arctan 函数的角值范围为 $-90°$～$+90°$,两者是不一致的。按式(2-19)[或式(2-20)]计算坐标方位角时,计算出的是象限角,因此,应根据坐标增量 Δx、Δy 的正、负号,按表 2-4 决定其所在象限,再将象限角换算成相应的坐标方位角。

【例 2-3】 已知 A、B 两点的坐标分别为 $x_A=342.99$ m,$y_A=814.29$ m,$x_B=304.50$ m,$y_B=525.72$ m,试计算 AB 的边长及坐标方位角。

解:计算 A、B 两点的坐标增量

$$\Delta x_{AB} = x_B - x_A = 304.50 - 342.99 = -38.49(\text{m})$$

$$\Delta y_{AB} = y_B - y_A = 525.72 - 814.29 = -288.57(\text{m})$$

根据式(2-23)和式(2-24),得

$$D_{AB} = \sqrt{\Delta x_{AB}^2 + \Delta y_{AB}^2} = \sqrt{(-38.49)^2 + (-288.57)^2} = 291.13(\text{m})$$

$$\alpha_{AB} = \arctan\frac{\Delta y_{AB}}{\Delta x_{AB}} = \arctan\frac{-288.57}{-38.49} = 262°24'09''$$

由 $\Delta x_{AB} = -38.49$ m,$\Delta y_{AB} = -288.57$ m,可判断方位角在第三象限。

2.4.4 测量工作的基本原则

1. 遵循"从整体到局部、先控制后碎部"的原则

无论是测绘地形图,还是建筑物的施工放样,最基本的问题都是测定或测设地面点的位置。在测量过程中,为了避免误差的积累,保证测量区域内所测点位具有必要的精度,首先在测区内选择若干个对整体具有控制作用的点作为控制点,并用较精密的仪器和精确的测量方法测定这些控制点的平面位置与高程,然后根据控制点进行碎部测量和测设工作。

"从整体到局部、先控制后碎部"的方法可以减少误差的积累,并且可以同时在几个控制点上进行测量,加快测量工作进度。

2. 遵循"复测复算、步步检核"的原则

当测定控制点的相对位置有错误时,以其为基础所测定的碎部点或测设的放样点也必然有错。测量工作是一项严谨、细致的工作,可谓"失之毫厘,谬以千里",为避免错误的结果对后续测量工作的影响,测量工作必须重视检核和坚持"边工作边检核"的原则。

2.4.5 测量工作的基本要求

1. 测量人员应有"质量第一"的观念

为了确保施工质量符合设计要求,需要进行相应的测量工作,测量工作的精度会影响施工质量。

2. 测量人员应有严肃认真的工作态度

测量工作是一项科学工作,具有客观性。在测量工作中,为避免产生差错,应进行相应的检查,并应杜绝弄虚作假、伪造成果、违反测量规则的错误行为。

3. 测量人员应爱护测量仪器与工具

每一项测量工作都要使用相应的测量仪器,测量仪器的状态直接影响测量观测成果的精度。爱护测量仪器和工具是每个测量人员的职责和应具有的品德。测量仪器和工具要规范操作、妥善保管。

4. 测量人员应确保测量成果的真实性、客观性和原始性

测量工作的科学性,要求测量人员在工作中必须实事求是,尊重客观事实,严格遵守测量规则与规范,不得随心所欲,弄虚作假,甚至伪造成果。测量观测成果是施工的依据,应长期保存测量原始记录与成果,以便随时检查与使用测量成果。

记录文物测绘数据，传承秦汉文明

文物古迹测绘不仅是保存文物数据的方法，还是展示人类文明的有效途径。近年来，陕西测绘地理信息局积极探索"测绘＋文物"，拓展支撑服务领域，将测绘地理信息新技术应用至文物保护事业。自然资源部第二地形测量队（以下简称地形二队）作为该局承担文物测绘任务的主体单位，在明长城调查、石窟寺文物保护、革命文物调查和黄河历史文化保护等方面持续发力，受到文物相关部门的高度评价。

陕西拥有众多不可移动文物，大到秦汉皇陵，小到石碑题刻，覆盖陵寝、古建、遗址等多种类型，如何为各类文物保护单位量身定制合适的测绘方案成为重要课题。面对挑战，团队成员首先对一期所有文物单位进行分析，按照面积、类型等进行分类。同时，按照文物定性、测绘定量相互补充原则科学规划，在传统测绘技术上结合无人机航摄技术，为各种类型的文物保护单位制定高效"两线"数据采集方案，再通过试点验证方案的可行性。

地形二队自 2013 年以来，已累计实施文物考古测绘百余项，包括考古发掘现场测绘、文保区划测绘、石窟寺测绘、古建筑测绘等。以文物考古测绘成果为基础，应用现代信息技术，该中心建设了陕西省可移动文物管理平台、博物馆信息系统、陕西省古塔管理信息平台、文物三维展示平台等多个系统平台；编撰完成《古都长安图志》《延安历史遗迹文物图集》等多个文物图集和文物挂图；参与完成陕西省革命文物调查、文物"两线"划定、古塔倾斜监测等多个重大文物调查和测绘项目，编制了数万张文物测绘图。中国测绘人在文物测绘中积累的数据和成果让人们得以更好地认识源远流长、博大精深的中华文明，为弘扬中华优秀传统文化、增强文化自信提供了坚强支撑。

思考与练习

一、填空题

1. 为了使高斯平面直角坐标系的 y 坐标恒大于零，将 x 轴自中央子午线西移_____。

2. 地面某点的经度为 $131°58'$，该点所在 $6°$ 带的中央子午线经度是_____。

3. 测量工作的基准线_____。

4. 测量内业计算的基准面_____。

5. 标准方向包括_____、_____、_____。

二、判断题

1. 大地水准面所包围的地球形体，称为地球椭圆体。 （　　）

2. 高程测量时，测区位于半径为 $10\ km$ 的范围内时，可以用水平面代替水准面。 （　　）

3. 地面点到大地水准面的铅垂距离称为相对高程。 （　　）

4. 方位角的取值范围为 $-180°\sim180°$。 （　　）

三、简答题

1. 测量学按照研究范围、研究对象及采用技术手段的不同,可分为几个分支学科? 请具体阐述。

2. 简述高斯投影的特性。

3. 测定和测设的内容是什么?

4. 已知 $\alpha_{AB}=76°$,$\beta_1=96°$,$\beta_2=79°$,$\beta_3=82°$,求 α_{B1}、α_{B2}、α_{B3}。

5. 测量工作的基本原则和基本要求是什么?

项目 3

平面控制测量

教学要求

知识要点	能力要求	权重
认识平面控制测量	了解控制测量的基本概念、作用;了解国家平面控制网、城市控制网、小区域平面控制网、图根控制网的布网原则和基本要求	10%
平面控制测量的实施方法	了解简易工程平面控制测量的常用方法;熟悉导线的概念和布设形式;熟悉简易工程导线测量的主要技术要求	10%
全站仪的基本结构与使用	了解全站仪的原理和构造特点;掌握导线测量的施测方法;熟悉全站仪的使用	25%
导线测量的外业工作	掌握导线测量外业工作的内容和方法	25%
导线测量的内业计算	掌握闭合导线、附合导线坐标计算(成果检核条件、坐标计算)的方法和操作步骤;了解支导线坐标计算的异同	30%

项目描述

平面控制测量是工程建设中各项测量任务的一项基础工作。在地下管线工程规划设计阶段,要建立地形测图平面控制网,保证最大比例尺测图的需要;在地下管线工程施工阶段,要建立施工平面控制网,满足管线铺设施工放样的需要;在地下管线运行管理阶段,依据需要建立变形监测平面控制网,以鉴定工程质量,保障地下管线安全运行。

要获得测区控制点的平面坐标(X,Y),测量人员需要了解平面控制测量的布网原则和等级技术要求,掌握导线测量的技术方法,掌握导线控制点平面坐标计算的原理和方法,具备小区域平面控制网布设的知识和能力,能够使用全站仪等仪器设备进行导线测量和内业计算。

职业能力目标

平面控制测量贯穿工程建设的勘测设计、施工建设、营运管理各个阶段,其作用是限制测

35

量误差的传播和积累,保证测量精度。学习本项目内容后,应该达到以下目标:

(1)了解平面控制测量的基本概念、作用;

(2)了解平面控制测量的布网原则和基本要求;

(3)了解简易工程平面控制测量的常用方法;

(4)熟悉导线的概念、布设形式和等级技术要求;

(5)了解全站仪的构造特点;

(6)掌握导线测量的施测方法,能够熟练地使用全站仪进行施测;

(7)掌握导线测量外业操作(踏勘选点、建立标志、导线边长测量、转折角测量、连接测量)和内业计算方法(闭合导线坐标计算、附合导线坐标计算),能够对导线测量的成果进行计算。

典型工作任务

认识平面控制测量的作用和意义,使用全站仪进行角度、距离测量,完成图根导线测量的外业观测(踏勘选点、建立标志、导线边长测量、转折角测量、连接测量)和内业计算(闭合导线坐标计算、附合导线坐标计算)。

情境引例

长期以来,西藏测绘部门立足维护国家主权、安全和利益,承担起守护地理信息资源安全的重要使命。西藏自治区省级基础测绘实现了从无到有的历史性突破,并得到持续性快速发展。测绘基准框架建设取得积极成果。"十一五"以来,持续实施西藏自治区平面控制网建设,布设测量全区卫星定位大地控制点678点,初步建成覆盖全区主要国省道交通沿线的平面控制网,为西藏自治区各项重大基础设施项目建设和基础地理信息资源建设提供了高精度空间定位基准成果。

传统的测绘基准是在地面建立平面控制网的基础上开展工作。国家平面控制网用于测定网中各点的水平位置,是确定地形地物平面位置的坐标体系。首先需要弄清楚平面控制测量的原则,在此基础上,运用先进的、高精度的测量仪器和设备,通过常见的控制测量方法(导线测量)进行测量与计算,确定控制点坐标位置,为后续采集碎部点坐标提供高精度空间定位基准。

3.1 认识平面控制测量

测量工作遵循的原则是"由整体到局部、先控制后碎部",即在测区内先选择一些起控制作用的点,组成一定的几何图形,称为控制网;用较精密的方法测定这些点的平面位置和高程,根据控制点施测其周围的碎部点。控制网按其性质可分为平面控制网和高程控制网两类。测定控制点平面位置的工作称为平面控制测量,测定控制点高程的工作称为高程控制测量。根据控制网的规模可分为国家平面控制网、城市控制网、小区域平面控制网和图根控制网。

3.1.1　国家平面控制网

确定控制点平面位置的工作,称为平面控制测量。在全国范围内建立的平面控制网,称为国家平面控制网。它是全国各种比例尺测图的基本控制和工程建设的基本依据,并为确定地球的形状和大小及其他科学研究提供资料。国家平面控制网精度从高到低分为一等、二等、三等、四等四个等级,逐级控制。一等精度最高,是国家平面控制网的骨干;二等是国家平面控制网的全面基础;三等、四等是二等控制网的进一步加密。国家平面控制网主要采用三角测量的方法布设成三角网(图3-1),也可布设成三边网、边角网和导线网。

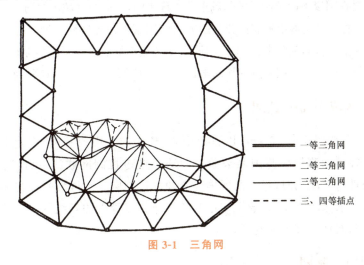

▬▬▬	一等三角网
━━━	二等三角网
───	三等三角网
-----	三、四等插点

图 3-1　三角网

国家平面控制网的建立,除三角测量和导线测量等常规测量方法外,还可应用 GNSS 测量(全球导航卫星系统)。GNSS 测量是以分布在空中的多个导航卫星为观测目标来确定地面点三维坐标的定位方法,具有全天候、高精度、自动化、高效益等显著特点。

为城市和工程建设需要而建立的平面控制网称为城市平面控制网。它一般是以国家控制网点为基础,布设成不同等级的控制网。国家平面控制网和城市平面控制网的测量工作由测绘部门完成,成果资料可从有关测绘部门索取。

◢ 知识拓展

GNSS 与 BDS、GPS 的联系与区别

GNSS 是指全球导航卫星系统(Global Navigation Satellite System),是以人造卫星作为导航台的星级无线电导航系统,为全球陆、海、空、天的各类军民载体提供全天候、高精度的位置、速度和时间信息,使用卫星星座,并且基于三边测量的概念,又称为天基定位、导航和授时系统。GNSS 是一个统称,也指代所有卫星导航定位系统及其增强型系统的相加混合体。

GNSS 除包括 GPS、GLONASS、GALILEO 及 BDS 这四大导航卫星系统外,同时还包括区域性导航卫星系统,如日本的准天顶(QZSS)、印度的 IRNSS;另外,还包括广域增强系统,如美国的 WAAS、日本的 MSAS、欧盟的 EGNOS、印度的 GAGAN 及尼日利亚的 NIG-GOMSAT-1 等。

BDS(BeiDou Navigation Satellite System,中国北斗卫星导航系统)是中国自行研制的全球导航卫星系统。中国北斗卫星导航系统(BDS)与美国 GPS、俄罗斯 GLONASS、欧盟 GAL-

ILEO,是联合国卫星导航委员会已认定的供应商。

GPS(Global Positioning System)是由美国国防部研制建立的一种具有全方位、全天候、全时段、高精度的军民两用卫星导航定位系统,已成功地应用于大地测量、工程测量、航空摄影测量、运载工具导航和管制、地壳运动监测、工程变形监测、资源勘察、地球动力学等多种学科,是目前在世界上运用最广泛的导航卫星定位系统。

3.1.2　城市控制网

城市控制网是在国家平面控制网的基础上建立起来的,目的是为城市规划市政建设、工业民用建筑设计和施工放样服务。城市控制网建立的方法与国家平面控制网相同,只是控制网的精度有所不同。为了满足不同目的及要求,城市控制网也要分级建立。国家平面控制网和城市控制网均由专门的测绘单位承担测量。控制点的平面坐标和高程由测绘部门统一管理,为社会各部门服务。

3.1.3　小区域平面控制网

在小区域内(一般面积在 15 km² 以下范围内)建立的平面控制网,称为小区域平面控制网。小区域平面控制网测量应与国家平面控制网或城市控制网联测,以便建立统一坐标系统。如果没有条件与之联测时,可在测区内建立独立控制网。小区域平面控制网应视测区面积的大小按精度要求分级建立,一般采用小三角网或相应等级的导线网。在测区范围内建立的精度最高的控制网称为首级控制网。

3.1.4　图根控制网

为满足地形测图需要而建立的控制网称为图根控制网。其目的是获得能直接用于地形测图的控制点坐标,其控制点称为图根控制点或图根点。图根控制网测量也可分为图根平面控制测量和图根高程控制测量。其中,图根平面控制测量通常采用图根导线测量、小三角测量和交会定点等方法来建立。首级控制网和图根控制网的关系参见表 3-1。

表 3-1　首级控制网和图根控制网

测区面积/km	首级控制网	图根控制网
1～15	一级小三角或一级导线	两级图根点
0.5～2	二级小三角或二级导线	两级图根点
0.5 以下	图根控制	—

3.2　平面控制测量的实施方法

3.2.1　常用方法介绍

平面控制测量是指测定控制点的平面位置。简易工程平面控制测量的常用方法有三角测量、导线测量、GNSS 测量等。

1. 三角测量

三角测量是将控制点组成连续的三角形,观测所有的三角形内角及测定至少一条边的边长(基线),其余各边长度以基线边长和所测内角用正弦定理推算,再由起算数据求出所有控制点的平面位置,这种控制点称为三角点;这种图形构成的控制网称为三角网(图 3-1)。

2. 导线测量

导线测量是指将地面上各相邻控制点用直线相连而构成连续的折线,观测连接角,观测出各个转折角和所有的折线边长,通过起算数据确定控制点的平面位置,这些控制点称为导线点;而所连折线称为导线。

3. GNSS 测量

全球卫星定位技术的出现,给控制测量带来革命性的突破。与经典方法相比,GNSS 测量具有高精度、全天候、高效率、多功能、布设灵活、操作简单、应用广泛等优点。将 GNSS 接收机安置在控制点上,通过接收卫星数据,利用随机处理软件及平差软件,解算出地面控制点坐标。

平面控制测量的方法很多,除以上提及的常用方法外,还包括前方交会、侧方交会与后方交会等方法。本节重点介绍导线测量的布设形式和技术要求。

📝 **知识拓展**

前方交会

如图 3-2 所示,A、B 为坐标已知的控制点,P 为待定点。在 A、B 点上安置全站仪,观测水平角 α、β,根据 A、B 两点的已知坐标和 α、β 角,通过计算可得出 P 点的坐标,这就是前方交会。

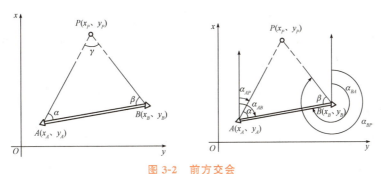

图 3-2 前方交会

(1)计算已知边 AB 的边长和方位角。根据 A、B 两点坐标 (x_A, y_A)、(x_B, y_B),按坐标反算公式计算两点间边长 D_{AB} 和坐标方位角 α_{AB}。

$$\alpha_{AB} = \arctan \frac{y_B - y_A}{x_B - x_A}$$

$$D_{AB} = \sqrt{(x_B - x_A)^2 + (y_B - y_A)^2}$$

(2)计算待定边 AP、BP 的边长。按三角形正弦定律,得

$$\left. \begin{array}{l} D_{AP} = \dfrac{D_{AB} \sin\beta}{\sin\gamma} = \dfrac{D_{AB} \sin\beta}{\sin(\alpha + \beta)} \\[3mm] D_{BP} = \dfrac{D_{AB} \sin\alpha}{\sin(\alpha + \beta)} \end{array} \right\}$$ 　(a)

(3)计算待定边 AP、BP 的坐标方位角。

$$\alpha_{AP} = \alpha_{AB} - \alpha$$

$$\alpha_{BP} = \alpha_{BA} + \beta = \alpha_{AB} \pm 180° + \beta \qquad (b)$$

(4)计算待定点 P 的坐标。

$$x_P = x_A + \Delta x_{AP} = x_A + D_{AP}\cos\alpha_{AP}$$

$$y_P = y_A + \Delta y_{AP} = y_A + D_{AP}\sin\alpha_{AP} \qquad (c)$$

$$x_P = x_B + \Delta x_{BP} = x_B + D_{BP}\cos\alpha_{BP}$$

$$y_P = y_B + \Delta y_{BP} = y_B + D_{BP}\sin\alpha_{BP} \qquad (d)$$

适用于计算器计算的公式：

$$x_P = \frac{x_A\cot\beta + x_B\cot\alpha + (y_B - y_A)}{\cot\alpha + \cot\beta}$$

$$y_P = \frac{y_A\cot\beta + y_B\cot\alpha + (x_A - x_B)}{\cot\alpha + \cot\beta} \qquad (e)$$

在应用式(e)时,要注意已知点和待定点必须按 A、B、P 逆时针方向编号,在 A 点观测角编号为 α,在 B 点观测角编号为 β。

3.2.2 导线测量的布设形式

导线测量是指将一系列测点依相邻次序连成折线形式,并测定各折线边的边长和转折角,再根据起始数据推算各测点平面坐标的技术与方法。导线测量在建立小地区平面控制网中经常采用,尤其在地物分布较复杂的建筑区、视线障碍较多的隐蔽区及带状地区常采用这种方法。

将相邻控制点连成直线所构成的折线称为导线,相应的控制点称为导线点。按照不同的情况和要求,单一导线可布设为闭合导线、附合导线和支导线(图 3-3)。

1. 闭合导线

以高级控制点 A、B 中的 B 点为起始点,并以 AB 边的坐标方位角 α_{AB} 为起始坐标方位角,经过 1、2、3、4 点仍回到起始点 B,形成一个闭合多边形的导线,称为闭合导线[图 3-3(a)]。闭合导线本身具有严密的几何条件,具有检核作用。

2. 附合导线

以高级控制点 A、B 中的 B 点为起始点,以 AB 边的坐标方位角 α_{AB} 为起始坐标方位角,经过 1、2、3 点,附合到另外两个高级控制点 C、D 中的 C 点,并以 CD 边的坐标方位角 α_{CD} 为终边坐标方位角,这样的导线称为附合导线[图 3-3(b)]。附合导线具有检核条件(已知坐标与方位角条件),广泛用于公路、铁路、水利等工程的勘测与施工。

3. 支导线

由已知点 B 出发延伸出去(如 1、2 两点)的导线称为支导线[图 3-3(c)]。由于支导线缺少对观测数据的检核,故其边数及总长应有限制。支导线的点数不宜超过 2 个,仅作为补点使用。

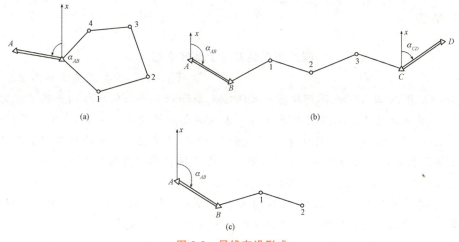

图 3-3　导线布设形式

（a）闭合导线；（b）附合导线；（c）支导线

3.2.3　导线测量的技术要求

用导线测量的方法进行小区域平面控制测量，根据测区范围及精度要求，可分为一级导线、二级导线、三级导线和图根导线四个等级。它们可作为国家四等控制点或国家 E 级 GPS点的加密，也可作为独立地区的首级控制。各级导线测量的主要技术要求参考表 3-2。

表 3-2　城市导线测量的主要技术要求

等级	导线长度/km	平均边长/m	测角中误差/(″)	测距中误差/mm	测回数（仪器）		方位角闭合差/(″)	导线全长相对闭合差
					2″级	6″级		
一级	3.6	100～300	±5	±15	2	4	$\pm10\sqrt{n}$	≤1/15 000
二级	2.4	100～200	±8	±15	1	3	$\pm16\sqrt{n}$	≤1/10 000
三级	1.5	100～150	±12	±15	1	2	$\pm24\sqrt{n}$	≤1/6 000
图根	≤1.0M	≤100	±30	—	—	1	$\pm40\sqrt{n}$	≤1/2 000
注：n 为测站数，M 为测图比例尺分母								

3.3　全站仪的基本构造与使用

全站型电子速测仪简称全站仪，是由电子测角、光电测距、微处理器与机载软件组合而成的智能光电测量仪器。它的基本功能是可同时进行角度测量、距离测量和数据处理，由于只需一次安置，仪器便可完成测站上所有的测量工作，故被称为全站仪。

国产测量装备登上地球之巅

资料来源：中华人民共和国自然资源部

2020年5月27日11时，国产测量一大队珠峰高程测量登山队携带国产测量仪器，克服重重困难，成功从北坡登上珠穆朗玛峰峰顶。随着测量数据的顺利采集，珠峰测量任务外业测量圆满完成。这是我国首次在珠峰高程测量中全程使用自主研发的高精度测量仪器。

但在选择长距离测距仪器时，难题出现了。由于现在超长距离测距都是使用GNSS，世界范围内已经没有厂家研发生产超长距离测距仪，而在珠峰测量中又无法提前在峰顶架设卫星接收站。"珠峰最远的测量点距离峰顶约为18.3 km。目前世界上没有任何一款仪器可以满足需要，只能自己研制。"国家光电测距仪检测中心主任齐维君说。

为此，该中心与自然资源部第一大地测量队等单位合作，专家团队联合攻关，在短短2个月研制出了满足珠峰高程测量的长测程、高性能全站仪。这款全站仪的测距测程超过19 km，反射目标为六棱镜组，距离测量精度优于$(2+2\times10^{-6}D)$mm（D为测量距离）。这款长测程全站仪的成功研制，实现了我国在该装备制造领域零的突破，不仅解决了珠峰峰顶交会测量的问题，还解决了常规大地测量中超远距离测距的问题。

3.3.1 全站仪的基本构造

全站仪由以下两大部分组成。

1. 采集数据设备

采集数据设备主要有电子测角系统、电子测距系统及自动补偿设备等。

2. 微处理器

微处理器是全站仪的核心装置，主要由中央处理器、随机储存器和只读存储器等构成。测量时，微处理器根据键盘或程序的指令控制各分系统的测量工作，进行必要的逻辑和数值运算及数字存储、处理、管理、传输、显示等。

通过上述两大部分的有机结合，才能真正地体现"全站式数据采集、一体化数据处理"的功能。全站仪既能自动完成数据采集，又能自动处理数据，使整个测量过程工作有序、快速、准确地进行。本节以南方测绘出产的NTS500全站仪作为示例进行讲解。全站仪的基本构造如图3-4所示。

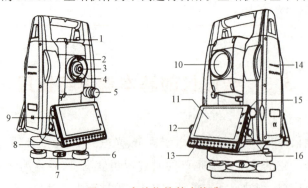

图3-4 全站仪的基本构造

1—粗瞄器；2—物镜调焦螺旋；3—目镜；4—目镜调焦螺旋；5—竖直制微动；6—脚螺旋；7—基座锁定钮；8—电缆接口；9—接口；10—物镜；11—液晶显示屏；12—水平制微动；13—数字按键；14—仪器中心标志；15—触屏主按键；16—功能键

3.3.2　全站仪的使用

将仪器安装在三脚架上，精确整平和对中，以保证测量成果的精度，应使用专用的中心连接螺旋的三脚架。

1. 架设三脚架

将三脚架伸到适当高度，确保三腿等长打开，并使三脚架顶面近似水平，且位于测站点的正上方。将三脚架腿支撑在地面上，使其中一条腿固定。

视频：全站仪的使用

2. 安置仪器和对点

将仪器小心地安置到三脚架上，拧紧中心连接螺旋，打开激光对点器。双手握住另外两条未固定的架腿，通过对激光对点器光斑的观察调节该两条腿的位置。当激光对点器光斑大致对准侧站点时，使三脚架三条腿均固定在地面上。打开电子补偿可打开激光下对点，调节全站仪的三个脚螺旋，使激光对点器光斑精确对准测站点。

3. 圆水准器粗平

调整三脚架三条腿的高度，使全站仪圆水准气泡居中。

4. 管水准器精平

第一步：松开水平制动螺旋，转动仪器，使管水准器平行于某一对角螺旋（1、2）的连线（图 3-5）。旋转角螺旋 1、2，使管水准气泡居中。旋转两脚螺旋使气泡居中最好采用左拇指法，即左右手同时转动两个脚螺旋，并且两拇指移动方向相向，左手大拇指方向与气泡管气泡移动方向相同。

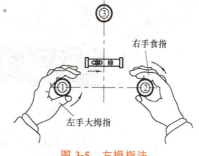

图 3-5　左拇指法

第二步：将仪器旋转 90°，使其垂直于角螺旋 1、2 的连线。左手旋转角螺旋（左手大拇指方向与气泡管气泡移动方向相同），使管水准气泡居中。

5. 精确对中与整平

通过对激光对点器光斑的观察，轻微松开中心连接螺旋，平移仪器（不可旋转仪器），使仪器精确对准测站点，再拧紧中心连接螺旋，再次精平仪器。重复此项操作到仪器精确整平对中为止。

6. 关闭激光对点器

可以使用电子气泡代替上面的利用管水准器精平仪器，超出 ±4′ 的误差范围仪器会自动进入"电子水泡"界面，如图 3-6 所示。图 3-6 中，−000°12′57″ 表示 X 方向的补偿值，−000°19′35″ 表示 Y 方向的补偿值，选中"补偿-X"复选框可以打开 X 方向补偿功能，选中"补偿-XY"复选框可以同时打开 X 和 Y 方向补偿功能，选中"补偿-关"复选框可关闭双轴补偿功能。

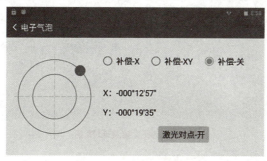

图 3-6　"电子水泡"界面

3.3.3 导线测量的施测方法

1. 已知点建站

选择已知点建站是用于确定测量坐标系统(图 3-7)。

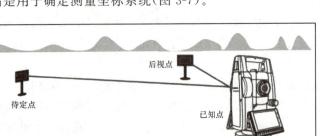

图 3-7 建站原理

第一步:在主菜单单击"建站"键,选择"已知点建站"功能(图 3-8)。

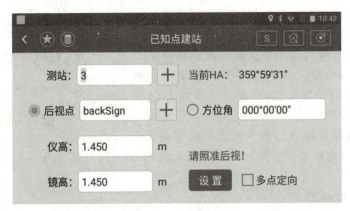

图 3-8 已知点建站

第二步:设置测站点,通过"+"调用或新建一个已知点作为测站点。输入仪高和镜高(图 3-9)。

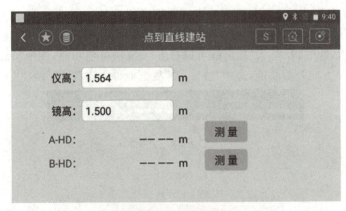

图 3-9 输入仪高和镜高

第三步：输入后视点，通过"＋"可以调用或新建一个已知点作为后视点。照准后视，单击"设置"键完成建站(图 3-10)。

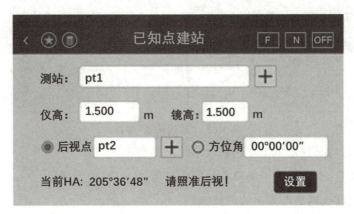

图 3-10　单击"设置"键

2. 导线测量操作步骤

导线测量功能目前适用的导线类型为附合导线与闭合导线，即"已知—已知—待测……待测—已知—已知"的导线外业类型。

(1)"导线模板"新建界面选项介绍(图 3-11)。

图 3-11　"导线模板"新建界面

1)模板名称：对该段导线的命名。

2)测量等级：确定导线的精度等级及对应的测量和平差要求。

3)测角方向：左/右，表示测量导线时，测量的角度在导线的左侧还是右侧。

(2)"导线测量"界面选项介绍(图 3-12)。

图 3-12　"导线测量"界面

1)角度:测角界面,显示每个测回的水平角测量值;

2)距离:测距界面,显示每个测回测量的距离值;

3)竖直角:当前仪器照准方向的竖盘读数;

4)水平角:当前仪器照准方向的水平盘读数;

5)第一测回:当前测回的测回数;

6)"+""-":增加测回与删去当期测回;

7)位置:当前测量模式为盘左或盘右;

8)目标:前视与后视点的名称;

9)水平度盘度数:测量前视/后视时,读取的水平度盘度数;

10)半测回角值:后视水平角读数减去前视水平角读数;

11)边名:测站点与前/后视的测距边的命名;

12)第 N 次测回:当前测回数;

13)左、右和平均值:盘左与盘右的测距值和盘左盘右的测距的平均值;

14)新建测站:完成当前测站后新建一个测站进行测量;

15)完成:完成该段导线的测量后,单击"完成"按钮自动保存测量成果。

(3)具体操作步骤。

第一步:在第一个测站安置好仪器后,主界面打开"采集菜单"(图 3-13),找到导线测量功能,单击进入"导线测量"界面。

图 3-13　主界面的"采集菜单"

第二步：打开"导线模板"界面后，单击"＋"，新建一个导线模板，输入导线名称，选择导线等级及测角方向后单击"确定"按钮完成导线模板的新建(图 3-14)。

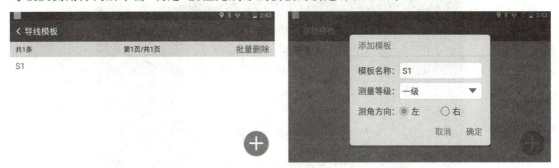

图 3-14　新建导线模板

第三步：导线模板新建完成后，软件自动跳转到"导线测量"界面。在第一个测站通过调用或输入坐标完成该测站的建立(图 3-15)。

图 3-15　建立测站

第四步：建立测站后，选择好前视、后视的目标，已知点需调用或输入坐标，待测点完成命名即可，然后用测回法"前－后－后－前"完成该测回后，根据当前的导线等级增加测回(图 3-16)。

图 3-16　施测顺序"前一后一后一前"

第五步：完成当前测站的测量后，仪器搬站，单击"新建测站"，以待测点 3 为测站(图 3-17)。

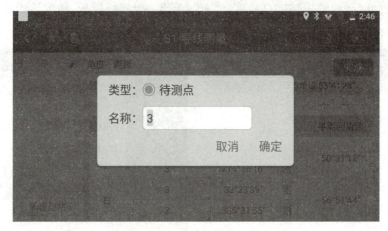

图 3-17　迁站后"新建测站"

3.4　导线测量的外业工作

导线测量的外业工作包括踏勘选点、建立标志、边长测量、转折角测量和导线定向。

3.4.1　踏勘选点

在踏勘选点前,应调查、收集测区已有地形图和控制点的成果资料,在地形图上拟订导线的布设方案,最后到野外踏勘,实地核对、修改、落实点位。如果测区没有地形图资料,则需详细踏勘现场,根据已知控制点的分布、测区地形条件及施工需要等具体情况,合理地选定导线点的位置。

实地选点时,应注意下列几点:

(1)相邻点间通视良好,地势较平坦,便于测角和量距;

(2)点位应选在土质坚实处,便于保存标志和安置仪器;

(3)导线点的数量要足够,密度要均匀,能控制整个测区;

(4)视野开阔,便于施测;

(5)导线各边的长度应大致相等。

3.4.2　建立标志

导线点位置选定后,要用标志将点位在地面上固定。导线点若需要长期保存,应埋设混凝土桩或石桩,桩顶刻"＋"符号,以示导线点位。对于临时性导线点、一般的图根点,要在每个点位上打下一个大木桩,桩顶钉一小钉,作为导线点标志。导线点设置好后应统一编号。为了便于以后寻找,应对导线点位置绘制"点之记",即测出与附近明显地物位置关系,绘制草图,注明尺寸(图 3-18～图 3-20)。

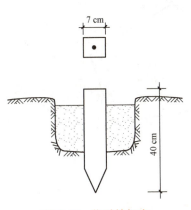

图 3-18　临时性标志

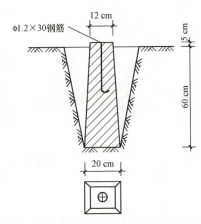

图 3-19　永久性标志（视埋设深度而定）

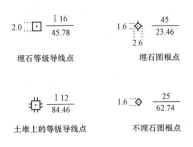

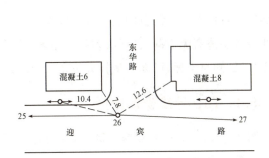

图 3-20　导线点标志

3.4.3　边长测量

导线边长可使用测距仪、全站仪进行直接测量。如采用测距仪（或全站仪）测量,应测定导线点之间的水平距离。测距仪测量精度较高,一般均能达到小区域导线测量的精度要求。

3.4.4　转折角测量

导线转折角的测量一般采用测回法观测。两个以上组成的角也可用方向法观测。导线转折角有左角和右角之分。导线前进方向右侧的角称为右角;反之为左角。在闭合导线中均测量多边形的内角,支导线应分别观测左角和右角,以资检核。在附合导线中一般测左角;在闭合导线中一般测内角;对于支导线,应分别观测左角、右角。

3.4.5　导线定向

导线与高级控制点进行连接,以取得坐标和坐标方位角的起算数据,称为连接测量。

如图 3-21 所示,A、B 为已知点,1～5 为新布设的导线点,连接测量就是观测连接角 β_B、β_1 和连接边 D_{B1}。

如果附近无可使用的控制点,则应用罗盘仪测定导线起始边的磁方位角,并假定起始点的坐标作为起算数据。

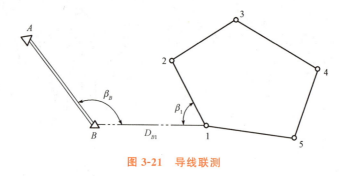

图 3-21　导线联测

3.5　导线测量的内业计算

导线测量内业计算的目的是计算导线点的平面坐标。在计算之前,应全面检查导线测量的外业观测手簿有无遗漏,各项限差是否超限;然后绘制导线略图,在图上注明已知点及导线点的点号、已知点坐标、已知边坐标方位角及导线经改正后的边长和水平角观测值。

3.5.1　闭合导线坐标计算

以图 3-22 所示标注的数据为例,结合闭合导线坐标计算表(表 3-3)的使用,说明闭合导线坐标计算的步骤。

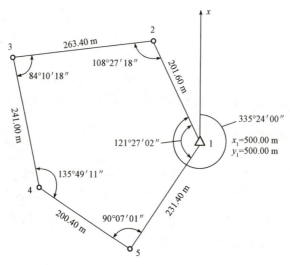

图 3-22　闭合导线略图

1. 准备工作

将校核过的外业观测数据及起算数据填入表 3-3,起算数据用单线标明。

表 3-3　闭合导线坐标计算表

点号	观测角（左角）	改正数/(″)	改正角	坐标方位角 α	距离 D/m	增量计算值		改正后增量		坐标值		点号
						Δx/m	Δy/m	Δx/m	Δy/m	x/m	y/m	
1	2			5	6	7	8	9	10	11	12	13
1										500.00	500.00	1
				335°24′00″	201.60							
2	108°27′18″											2
					263.40							
3	84°10′18″											3
					241.00							
4	135°49′11″											4
					200.40							
5	90°07′01″											5
					231.40							
1	121°27′02″											1
2												
Σ												
辅助计算												

2. 角度闭合差的计算与调整

第一步：计算角度闭合差。n 边形闭合导线内角和的理论值为

$$\sum \beta_{理} = (n-2) \times 180° \tag{3-1}$$

式中　n——导线边数或转折角数。

本例中：$\sum \beta_{理} = 540°$。

由于观测水平角不可避免地含有误差，致使实测的内角之和 $\sum \beta_{测}$ 不等于理论值 $\sum \beta_{理}$，两者之差称为角度闭合差，用 f_β 表示，即

$$f_\beta = \sum \beta_{测} - \sum \beta_{理} = \sum \beta_{测} - (n-2) \times 180° \tag{3-2}$$

本例中：$\sum \beta_{测} = 540°00′50″$。

$$f_\beta = \sum \beta_{测} - \sum \beta_{理} = -50″$$

计算见表 3-4 辅助计算栏。

第二步：计算角度闭合差的允许值。角度闭合差的大小反映了水平角观测的质量。各级导线角度闭合差的允许值 $f_{\beta允}$ 见表 3-5。其中，图根导线角度闭合差的允许值 $f_{\beta允}$ 的计算公式为

$$f_{\beta允} = \pm 40″ \sqrt{n} \tag{3-3}$$

51

表 3-4 闭合导线坐标计算表

点号	观测角(左角)	改正数	改正角 4=2+3	坐标方位角 α	距离 D/m	增量计算值 Δx/m	Δy/m	改正后增量 Δx/m	Δy/m	坐标值 x/m	y/m	点号
1	2	3	4=2+3	5	6	7	8	9	10	11	12	13
1	108°27′18″	−10″	108°27′08″							500.00	500.00	1
				335°24′00″	201.60	+5 183.30	+2 −83.92	+183.35	−83.90			
2	84°10′18″	−10″	84°10′08″							683.35	416.10	2
				263°51′08″	263.40	+7 −28.21	+2 −261.89	−28.14	−261.87			
3	135°49′11″	−10″	135°49′01″							655.21	154.23	3
				168°01′16″	241.00	+7 −235.75	+2 +50.02	−235.68	+50.04			
4	90°07′01″	−10″	90°06′51″							419.53	204.27	4
				123°50′17″	200.40	+5 −111.59	+1 166.46	−111.54	+166.47			
5	121°27′02″	−10″	121°26′52″							307.99	370.74	5
				33°57′08″	231.40	+6 191.95	+2 129.24	+192.01	+129.26			
1										500.00	500.00	1
				335°24′00″								
2												
∑	540°00′50″	−50″	540°00′00″		1 137.80	−0.30	−0.90	0	0			

辅助计算

$\sum\beta_{理}=540 \qquad f_x=\sum\Delta x_{测}=-0.30$ m $\qquad f_x=\sum\Delta y_{测}=-0.09$ m

$-\sum\beta_{测}=540°00'50''$

$f_\beta=+50''$

$f_{\beta允}=+60''\sqrt{5}=\pm134''$

$f_D=(\sqrt{f_x^2+f_y^2}=0.31(\text{m})$

$f_k=\dfrac{0.31}{1\,137.80}\approx\dfrac{1}{3\,600}<f_{k允}=\dfrac{1}{2\,000}$

$|f_\beta|<|f_{\beta允}|$

表 3-5　导线测量的技术要求

等级	附合导线长度/km	平均边长/km	每边测距中误差/mm	测角中误差/(")	导线全长相对闭合差	方位角闭合差/(")	测回数		
							DJ1	DJ2	DJ6
三等	30	2.0	13	1.8	1/55 000	$\pm 3.6\sqrt{n}$	6	10	—
四等	20	1.0	13	2.5	1/35 000	$\pm 5\sqrt{n}$	4	6	—
一级	10	0.5	17	5.0	1/15 000	$\pm 10\sqrt{n}$	—	2	4
二级	6	0.3	30	8.0	1/10 000	$\pm 16\sqrt{n}$	—	1	3
三级	—	—	—	20.0	1/2 000	$\pm 30\sqrt{n}$	—	1	2

注:1. 表中 n 为测站数。

　　2. 导线应尽量布设为直伸形状,相邻边长不宜相差过大。

　　3. 当导线平均边长较短时,应控制导线边数

本例中: $f_{\beta允} = \pm 60''\sqrt{5} = \pm 134''$。

如果 $|f_\beta| > |f_{\beta允}|$,说明所测水平角不符合要求,应对水平角重新检查或重测。

如果 $|f_\beta| \leqslant |f_{\beta允}|$,说明所测水平角符合要求,可对所测水平角进行调整。

计算见表 3-4 辅助计算栏。

本例中: $|f_\beta| \leqslant |f_{\beta允}|$,说明所测水平角符合图根导线测量技术要求,可对所测水平角进行调整。

第三步:计算水平角改正数。如角度闭合差不超过角度闭合差的允许值,则将角度闭合差反符号平均分配到各观测水平角中,也就是每个水平角加相同的改正数 v_β。v_β 的计算公式为

$$v_\beta = -\frac{f_\beta}{n} \tag{3-4}$$

本例中: $v_\beta = -\dfrac{f_\beta}{n} = -\dfrac{50''}{5} = -10''$。

计算见表 3-4 辅助计算栏。

计算检核:水平角改正数之和应与角度闭合差大小相等,符号相反,即

$$\sum v_\beta = -f_\beta$$

第四步:计算改正后的水平角。改正后的水平角 $\beta_{i改}$ 等于所测水平角加上水平角改正数。

$$\beta_{i改} = \beta_i + v_\beta \tag{3-5}$$

本例中: $\beta_{1改} = \beta_1 + v_\beta = 108°27''18' - 10' = 108°27''08'$

$\beta_{2改} = \beta_2 + v_\beta = 84°10''18' - 10' = 84°10''08'$

……

计算检核:改正后的闭合导线内角之和应为 $(n-2) \times 180°$,本例为 $540°$。

$$\sum \beta = \beta_{1改} + \beta_{2改} + \beta_{3改} + \cdots = 540° = \beta_理$$

水平角的改正数和改正后的水平角见表 3-4 第 3、4 栏。

3. 推算各边的坐标方位角

根据起始边的已知坐标方位角及改正后的水平角,按式(3-6)或式(3-7)推算其他各导线边的坐标方位角。

若观测左角: $\alpha_前 = \alpha_后 + \beta_{(左角)} \pm 180°$ (3-6)

若观测右角: $\alpha_前 = \alpha_后 - \beta_{(右角)} \pm 180°$ (3-7)

导线计算时,一般按观测前进方向的顺时针或逆时针推算,该观测角在前进方向(边)的左侧就是左角,右侧是右角。方位角为 $0° \sim 360°$。

本例观测五边形的所有内角,按前进方向的顺时针推算,观测角是左角,按式(3-6)推算出导线各边的坐标方位角,填入表3-4中的第5栏。

计算检核:最后推算出起始边坐标方位角,它应与原有的起始边已知坐标方位角相等,否则应重新检查计算。

4. 坐标增量的计算及其闭合差的调整

第一步:计算坐标增量。根据已推算出的导线各边的坐标方位角和相应边的边长,依次计算各边的坐标增量。例如,导线边12的坐标增量为

$$\Delta x_{12} = D_{12}\cos\alpha_{12} = 201.60 \times \cos335°24'00'' = +183.30(\text{m})$$
$$\Delta y_{12} = D_{12}\sin\alpha_{12} = 201.60 \times \sin335°24'00'' = -83.92(\text{m})$$

用同样的方法,计算出其他各边的坐标增量值,填入表3-4中的第7、8栏。

第二步:计算坐标增量闭合差。如图3-23(a)所示,闭合导线,纵、横坐标增量代数和的理论值应为零,即

$$\sum \Delta x_{\text{理}} = 0$$
$$\sum \Delta y_{\text{理}} = 0 \tag{3-8}$$

实际上,由于导线边长测量误差和角度闭合差调整后的残余误差,使实际计算所得的 $\sum \Delta x_{\text{测}}$、$\sum \Delta y_{\text{测}}$ 不等于零,从而产生纵坐标增量闭合差 f_x 和横坐标增量闭合差 f_y,即

$$f_x = \sum \Delta x_{\text{测}}$$
$$f_y = \sum \Delta y_{\text{测}} \tag{3-9}$$

第三步:计算导线全长闭合差。从图3-23(b)可以看出,由于坐标增量闭合差 f_x、f_y 的存在,使导线不能闭合,$11'$ 的长度 f_D 称为导线全长闭合差,并用式(3-10)计算:

$$f_D = \sqrt{f_x^2 + f_y^2} \tag{3-10}$$

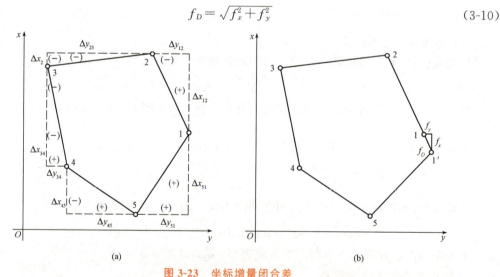

图 3-23　坐标增量闭合差
(a)坐标增量代数和的理论值;(b)导线全长闭合差

仅从 f_D 值的大小还不能说明导线测量的精度,衡量导线测量的精度还应该考虑到导线的总长。将 f_D 与导线全长 $\sum D$ 相比,以分子为1的分数表示,称为导线全长相对闭合差 f_k,即

$$f_k = \frac{f_D}{\sum D} = \frac{1}{\dfrac{\sum D}{f_D}} \tag{3-11}$$

以导线全长相对闭合差 f_k 来衡量导线测量的精度，f_k 的分母越大，精度越高。不同等级的导线，其导线全长相对闭合差的容许值 $f_{k允}$ 参见表 3-5。图根导线的 $f_{k允}$ 为 1/2 000。

如果 $f_k > f_{k允}$，说明成果不合格，此时应对导线的内业计算和外业工作进行检查，必要时须重测。

如果 $f_k \leqslant f_{k允}$，说明测量成果符合精度要求，可以进行调整。

本例中，f_x、f_y、f_k 及 f_D 的计算见表 3-4 中的辅助计算栏。

第四步：调整坐标增量闭合差。调整的原则是将 f_x、f_y 反号，并按与边长成正比的原则，分配到各边对应的纵、横坐标增量中。以 v_{xi}、v_{yi} 分别表示第 i 边的纵、横坐标增量改正数，即

$$v_{xi} = -\frac{f_x}{\sum D} \cdot D_i$$
$$v_{yi} = -\frac{f_y}{\sum D} \cdot D_i \tag{3-12}$$

本例中导线边 12 的坐标增量改正数为

$$v_{x12} = -\frac{f_x}{\sum D}D_{12} = -\frac{-0.30}{1\ 137.80} \times 201.60 = +0.05(\text{m})$$

$$v_{y12} = -\frac{f_y}{\sum D}D_{12} = -\frac{-0.09}{1\ 137.80} \times 201.60 = +0.02(\text{m})$$

用同样的方法，计算出其他各导线边的纵、横坐标增量改正数，填入表 3-4 中的第 7、8 栏坐标增量值相应方格的上方。

计算检核：纵、横坐标增量改正数之和应满足下式：

$$\sum v_x = -f_x$$
$$\sum v_y = -f_y \tag{3-13}$$

第五步：计算改正后的坐标增量。各边坐标增量计算值加上相应的改正数，即得各边的改正后的坐标增量。

$$\Delta x_{i改} = \Delta x_i + v_{xi}$$
$$\Delta y_{i改} = \Delta y_i + v_{yi} \tag{3-14}$$

本例中导线边 12 改正后的坐标增量为

$$\Delta x_{12改} = \Delta x_{12} + v_{x_{12}} = +183.30 + 0.05 = +183.35(\text{m})$$
$$\Delta y_{12改} = \Delta y_{12} + v_{y_{12}} = -83.92 + 0.02 = -83.90(\text{m})$$

用同样的方法，计算出其他各导线边的改正后坐标增量，填入表 3-4 中的第 9、10 栏。

计算检核：改正后纵、横坐标增量之代数和应分别为零。

5. 计算各导线点的坐标

根据起始点 1 的已知坐标和改正后各导线边的坐标增量，按式（3-15）依次推算出各导线点的坐标。

$$x_i = x_{i-1} + \Delta x_{i-1改}$$
$$y_i = y_{i-1} + \Delta y_{i-1改} \tag{3-15}$$

将推算出的各导线点坐标，填入表 3-4 中的第 11、12 栏。最后还应再次推算起始点 1 的坐标，其值应与原有的已知值相等，以作为计算检核。

已知 1 号点的坐标为 $(500,500)$，外业观测资料为闭合导线边距离和各转折角，如图 3-24 所示的标注。求出 2、3、4 点的坐标。

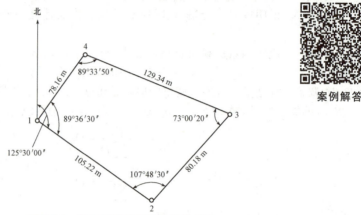

案例解答

图 3-24　闭合导线边距离和各转折角

3.5.2　附合导线坐标计算

附合导线的坐标计算与闭合导线的坐标计算基本相同，仅在角度闭合差的计算与坐标增量闭合差的计算方面稍有差别。

1. 角度闭合差的计算与调整

第一步：计算角度闭合差。如图 3-25 所示，根据起始边 AB 的坐标方位角 a_{AB} 及观测的各右角，按式（3-14）推算 CD 边的坐标方位角 α'_{CD}，并计算角度闭合差 f_β。

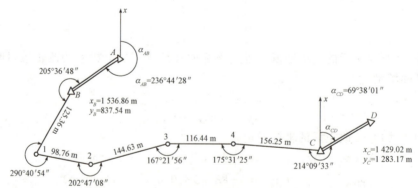

图 3-25　附合导线

$$\alpha_{B1} = \alpha_{AB} + 180° - \beta_B$$
$$\alpha_{12} = \alpha_{B1} + 180° - \beta_1$$
$$\alpha_{23} = \alpha_{12} + 180° - \beta_2$$
$$\alpha_{34} = \alpha_{23} + 180° - \beta_3$$
$$\alpha_{4C} = \alpha_{34} + 180° - \beta_4$$
$$\alpha_{CD} = \alpha_{4C} + 180° - \beta_C$$

将以上各式相加，得

$$\alpha_{CD} = a_{AB} + 6 \times 180° - \sum \beta_{测}$$

即

$$\alpha'_{CD} = \alpha_{AB} + 6 \times 180° - (\beta_B + \beta_B + \beta_1 + \beta_2 + \beta_3 + \beta_4 + \beta_C)$$

n 边附合导线测量过程中由于水平角观测中有误差,使观测值 α'_{CD} 不等于理论值 α_{CD},计算角度闭合差,即

$$f_\beta = \alpha_{AB} - \alpha'_{CD} = \alpha_{AB} - \left(\alpha_{AB} + 6 \times 180° - \sum \beta_测\right) = +1'77''$$

以上推导过程可知,附合导线角度闭合差 f_β 的一般形式为

$$f_\beta = \alpha_终 - \alpha_始 - n \times 180° + \sum \beta_测 \quad (导线观测角是右角) \tag{3-16}$$

$$f_\beta = \alpha_始 - \alpha_终 - n \times 180° + \sum \beta_测 \quad (导线观测角是右角)$$

式中　n——包括连接角在内的导线转折角数。

第二步:调整角度闭合差。当角度闭合差在允许范围内,则将角度闭合差反号平均分配到各角上。

2. 坐标方位角计算(具体步骤及公式详见项目 2)

本例坐标方位角已知 $\alpha_{AB} = 236°44'28''$。

3. 坐标增量的计算及其闭合差的调整

第一步:计算坐标增量。

$$\Delta x_{B1} = D_{B1} \cos\alpha_{B1} = 125.36 \times \cos 211°07'53'' = -107.31 (m)$$

$$\Delta y_{B1} = D_{B1} \sin\alpha_{B1} = 125.36 \times \sin 211°07'53'' = -64.81 (m)$$

分别计算其他各边的坐标增量,填入表 3-6 中的第 7、8 栏。

第二步:计算坐标增量闭合差。

从理论上来说,各边的纵、横坐标增量代数和应等于终、始两已知点间的纵、横坐标差,即

$$\sum \Delta x_理 = x_C - x_B$$

$$\sum \Delta y_理 = y_C - y_B \tag{3-17}$$

纵、横坐标增量闭合差 f_x 和 f_y 分别为

$$f_x = \sum \Delta x - \sum \Delta x_理 = \sum \Delta x - (x_C - x_B)$$

$$f_y = \sum \Delta y - \sum \Delta y_理 = \sum \Delta y - (y_C - y_B) \tag{3-18}$$

坐标增量的一般公式为

$$f_x = \sum \Delta x - (x_始 - x_终)$$

$$f_y = \sum \Delta y - (y_始 - y_终) \tag{3-19}$$

本例中 f_x、f_y、f_D 及 f_k 的计算见表 3-6 中的辅助计算栏。

其他计算步骤同闭合导线计算。

由于电子计算机的广泛使用,使导线计算简单化。在实际工作中,可利用闭合导线和附合导线计算机程序进行计算。

3.5.3　支导线坐标计算

支导线中没有检核条件,因此没有闭合差产生,导线转折角和计算的坐标增量均不需要进行改正。支导线坐标的计算步骤如下:

(1)根据观测的转折角推算各边的坐标方位角。

(2)根据各边坐标方位角和边长计算坐标增量。

(3)根据各边的坐标增量推算各点的坐标。

表 3-6 附合导线坐标计算表

点号	观测角(右角)	改正数	改正角	坐标方位角 α	距离 D/m	增量计算值 Δx/m	增量计算值 Δy/m	改正后增量 Δx/m	改正后增量 Δy/m	坐标值 x/m	坐标值 y/m	点号
1	2	3	4=2+3	5	6	7	8	9	10	11	12	13
A				236°44′28″								A
B	205°36′48″	−13″	205°36′35″	211°07′53″	125.36	+4 / −107.31	−2 / −64.81	−107.27	−64.83	536.86	837.54	B
1	290°40′54″	−12″	290°40′42″	100°27′11″	98.76	+3 / −17.92	−2 / +97.12	−17.89	+97.10	429.59	772.71	1
2	202°47′08″	−13″	202°46′55″	77°40′16″	114.63	+4 / +30.88	−2 / +141.29	+30.92	+141.27	411.70	869.81	2
3	167°21′56″	−13″	167°21′43″	90°18′33″	116.44	+3 / −0.63	−2 / +116.44	−0.60	+116.42	442.62	011.08	3
4	175°31′25″	−13″	175°31′12″	94°47′21″	156.25	+5 / −13.05	−3 / +155.70	−13.00	+155.67	442.02	127.50	4
C	214°09′33″	−13″	214°09′20″	60°38′01″						429.02	283.17	C
D												D
Σ	256°07′44″	−77″	256°06′25″		641.44	−108.03	+445.74	−107.84	+445.63			

辅助计算

$f_\beta = \sum \beta_测 - \alpha_始 + \alpha_终 - n \times 180° = +1′17″$ $\qquad f_{\beta容} = \pm 60″\sqrt{6} = \pm 147″$ $\qquad f_\beta < f_{\beta容}$

$\sum \Delta x = -108.03 \text{ m}, \sum \Delta y = +445.74 \text{ m}$

$f_x = -0.19 \text{ m}, f_y = +0.11 \text{ m}$ $\qquad f_D = \sqrt{(f_x)^2 + (f_y)^2} = \pm 0.22 \text{ m}$

$f_k = \dfrac{0.22}{641.44} = \dfrac{1}{2\,900} < f_{k容} = \dfrac{1}{2\,000}$

了解茫茫南极大陆，离不开测绘这双"眼睛"

2019年11月—2020年4月，首次参加南极考察任务的黑龙江测绘局极地测绘工程中心测绘队员刘沼辉的一项重要任务是完成长城站大地控制网预选点位选址。

南极大陆亘古荒茫，自然条件和地理条件特殊，现代地面交通工具根本无法使用，这意味着刘沼辉需要依靠双腿，深入长城站所在的菲尔德斯半岛，找到适合布设大地控制点的位置。

菲尔德斯半岛，地处西风带边缘，风速快、风力强，冰雪融化后道路泥泞难行。为了找到视野开阔、方便观测的地形高点，刘沼辉要顶着六七级的大风，不停在山上爬上爬下。从早上7点到晚上7点，他徒步41 km，在大约80km²的范围内，完成了预选大地控制点14点的选址任务。"一天走了八九万步。回到营地后，洗着脚竟然睡着了。"这个"90后"小伙子第一次尝到体力透支的滋味。

在长城站执行考察任务期间，刘沼辉曾为了抢修在运输过程中意外损坏的北斗卫星导航系统基准站接收机，两天两夜没有合眼。再次回想起来，他并不记得有过累的感觉，"除了紧张还是紧张，就怕耽误正常工作。"

考察期间，刘沼辉顺利完成长城站北斗卫星导航系统基准站维护和双机改造，并基于北斗卫星导航系统联测长城站已有的6个大地控制点任务。这一工作促进了北斗卫星导航在南极考察中的应用，并为北斗卫星导航的全球化应用提供数据支撑，进一步提高我国南极考察测绘保障的自主性。

思考与练习

一、填空题

1. 测量工作遵循的原则是_____、_____。
2. 控制网按其性质分为_____、_____。
3. 导线的布设形式有_____、_____、_____。
4. 导线测量的外业工作包括_____、_____、_____。

二、判断题

1. 在小区域内(面积在12 km²以下范围内)建立的平面控制网，称为小区域平面。（　　）
2. 一级导线全长相对闭合差≤1/15 000。（　　）
3. 图根导线角度闭合差的允许值 $f_{β允}$ 的计算公式为 $f_{β允}=\pm 60''\sqrt{n}$ 。（　　）

三、计算题

1. 根据表3-7所列的数据，试计算闭合导线各点的坐标，导线点号为逆时针编号。

表3-7　闭合导线观测资料

点号	观测角	坐标方位角	边长/m	坐标/m	
				X	Y
1	125°52′04″			500.0	500.0
2	82°46′29″		100.29		
3	91°08′23″		78.96		
4	60°14′02″		13.22		

点号	观测角	坐标方位角	边长/m	坐标/m	
				X	Y
5			78.67		

2. 根据表 3-8 所列的数据,试计算附合导线各点的坐标。

表 3-8　附合导线观测资料

点号	左侧观测角	坐标方位角	边长/m	坐标/m	
				X	Y
A					
B	253°34′54″	50°00′00″		1 000.00	1 000.00
1	114°52′36″		125.37		
2	240°18′48″		109.84		
C	227°16′12″	166°02′54″	106.26	936.97	1 291.22
D					

项目 4

高程控制测量

教学要求

知识要点	能力要求	权重
认识高程控制测量	了解高程控制测量分级布设原则；熟悉工程建设的高程控制网中等级水准测量的主要技术要求	10%
高程控制测量的实施方法	了解水准测量高差法、视线高法的基本原理和方法；熟悉高差法、视线高法的工作条件和适用范围	10%
水准测量的仪器和工具	了解水准仪的原理和构造特点；掌握水准仪高差测量的基本操作方法；掌握水准尺、尺垫等辅助设备的使用注意事项	30%
水准测量外业观测	熟悉水准测量的外业工作内容；熟悉水准点埋设、水准路线布设的方法和要求；掌握水准测量外业观测（双面尺法、单面尺法）的方法和步骤；熟悉等级水准测量和普通水准测量的异同点，掌握三、四等水准测量的观测、记录和检核方法	25%
水准测量内业计算	掌握水准测量内业数据处理（高差闭合差的调整）方法；掌握水准测量（闭合水准路线、附合水准路线）成果检核、内业计算方法	25%

项目描述

　　高程控制测量是为工程建设的规划、设计、施工、运行而进行的基础性测绘工作。在小区域范围内建立高程控制网，测量人员应根据测区面积大小和工程要求，采用分级建立的方法。一般情况下是以高等级水准点为基础，在整个测区建立三、四等水准网或水准路线，并通过水准测量或三角高程测量测定图根点的高程。高程控制测量在实际测量工作中应用频繁，是测量技术人员必须掌握的技能。

要获得工程项目测区控制点的高程坐标(H),测量人员需要了解工程建设的高程控制网的布网原则,熟悉各等级水准测量的主要技术要求,掌握一般工程高程控制测量的施测方法,能够使用水准仪、水准尺等仪器设备进行水准测量。学习本项目内容后,应该达到以下目标:

(1)了解高程控制测量分级布设原则;

(2)熟悉各等级水准测量的主要技术要求;

(3)了解水准测量高差法、视线高法的基本原理和方法;

(4)了解水准仪的构造特点,掌握水准仪的基本操作方法、水准尺和尺垫使用的注意事项,具备安置水准仪、使用水准仪进行高差测量的技能;

(5)熟悉水准测量的外业工作内容,具备水准点埋设的知识和能力,能够根据测区大小和工程要求布设水准路线;

(6)熟悉等级水准测量和普通水准测量的异同点,掌握三、四等水准测量的观测、记录和检核方法;

(7)掌握水准测量内业数据处理(高差闭合差的调整)方法,能够对水准测量(闭合水准路线、附合水准路线)的成果进行计算。

典型工作任务

认识高程控制测量的作用和意义,根据测区大小和工程要求布设水准路线,使用水准仪进行高程高差测量和线路高程测量,完成四等水准测量的外业观测和内业计算。

情境引例

珠峰高程测量的核心是精确测定珠峰高度,这也是一项代表国家测绘科技发展水平的综合性测绘工程。中华人民共和国成立以来,我国珠峰高程测量经历了从传统大地测量技术到综合现代大地测量技术的转变。每次珠峰测量,都体现了我国测绘技术的不断进步,彰显了我国测绘技术的最高水平。我国测绘工作者已对珠峰进行6次大规模的测绘和科考工作,并先后于1975年、2005年及2020年3次成功测定并公布珠峰高程。

1975年珠峰高程测量,我国首次将测量觇标竖立在珠峰之巅,并精确测得珠峰海拔高程为8 848.13 m。2005年珠峰高程复测,采用了传统大地测量与卫星测量结合的技术方法,并首次在珠峰峰顶测量中利用冰雪雷达探测仪测量冰雪厚度,经过严密计算,获得珠峰顶岩石面海拔高程为8 844.43 m。2020年对珠峰高程再次复测,当觇标竖立在峰顶后,在珠峰周边海拔5 200 m至海拔6 000 m的6个交会点,测量队员开始同步开展峰顶交会测量和GNSS联测,获取珠峰高程测量数据,通过对测量数据进行联合处理,获得珠峰高程为8 848.86 m。

在测量工作中,为了限制误差的累积和传播,保证碎部测量的高程精度,需要进行高程控制测量。三、四等水准测量,除用于国家高程控制网的加密外,常用作小区域高程控制测量及工程建设地区内工程测量和变形观测的基本控制。三、四等水准网应从附近的国家高等级水准点引测高程，运用高程控制测量的施测方法，使用先进的水准测量仪器和设备，通过测量（外业）与计算（内业），精确测定所设一系列地面控制点的高程，为地形测图和工程测量提供高程控制依据。

4.1 认识高程控制测量

控制网按其性质可分为平面控制网和高程控制网两类。在测区布设一批高程控制点，即水准点；用精确方法测定控制点的高程，即构成高程控制网。

4.1.1 国家高程控制网

国家高程控制网的建立采用精密水准测量的方法，又称为国家水准网。国家水准网的布设也采用从整体到局部，由高级到低级，分级布设逐级控制的原则，按精度分为一、二、三、四等 4 个等级，逐级控制，逐级加密。一等水准测量精度最高，由它建立的一等水准网是国家高程控制网的骨干；二等水准网在一等水准环内布设，是国家高程控制网的基础。国家高程控制网和城市高程控制网均由专门的测绘单位承担测量，高程由测绘部门统一管理，为社会各部门服务。三、四等水准网是国家高程控制网的加密，主要为测绘各种比例尺地形图和各项工程建设提供高程的起算数据。

近年来，全球卫星导航系统 GNSS 技术已经得到广泛的应用。我国从 20 世纪 90 年代初开始，建立了一系列 GPS 控制网。其中，国家测绘局于 1991—1995 年布设了国家高精度 GPS A、B 级网。另外，中国人民解放军总参谋部测绘局、中国地震局等也都建立了相应级别的 GPS 控制。为了整合 3 个覆盖全国（除中国台湾地区）的 GPS 控制网的整体效益和兼容性，2000—2003 年进行整体平差处理，建立统一的高精度的国家 GPS 大地控制网，并命名为"2000 国家大地控制网"，为全国三维地心坐标系统提供了高精度的坐标框架，也为全国提供了高精度的重力基准。

4.1.2 工程建设的高程控制网

按照由高级到低级分级布设的原则，工程建设中的高程控制网布设等级分为二、三、四、五等水准和图根水准。根据工程项目测区的大小，各等级水准均可作为测区的首级高程控制，各等级水准测量的主要技术要求参见表 4-1、表 4-2。首级应布设成环形路线，加密时宜布设成附合路线或结点网。水准点应有一定的密度。

三、四等水准测量一般是在国家一、二等水准网（点）的基础上进行，常用作小区域的首级高程控制，以及工程建设地区的工程测量和变形观测的基本控制。基于工程测量的三、四等水准路线一般在坡度较小、施测方便的路线布设。水准点应选在土质坚实、地下水水位低、易于观测的地方。凡是易受淹没、潮湿、震动和沉陷的地方，均不宜作水准点位置。水准点选定后，应埋设水准标石和水准标志，并绘制点之记，便于查寻。

表 4-1 水准测量的主要技术要求

等级	每千米高差全中误差/mm	路线长度/km	水准仪型号	水准尺	观测次数		往返较差、附合或环线闭合差	
					与已知点联测	附合或环线	与已知点联测	附合或环线
二等	2	—	DS1	钢瓦	往返各一次	往返各一次	$4\sqrt{L}$	—
三等	6	≤50	DS1	钢瓦	往返各一次	往一次	$12\sqrt{L}$	$4\sqrt{n}$
			DS3	双面		往返各一次		
四等	10	≤16	DS3	双面	往返各一次	往一次	$20\sqrt{L}$	$6\sqrt{n}$
五等	15		DS3	单面	往返各一次	往一次	$30\sqrt{L}$	—

注：1. 结点之间或结点与高级点之间，其路线的长度不应大于表中规定的 70%；

2. L 为往返测段，附合或环线的水准路线长度(km)；n 为测站数

表 4-2 水准测量观测的主要技术要求

等级	水准仪的型号	视线长度/m	前后视较差/m	前后视累积差/m	视线离地面最低高度/m	基本分划、辅助分划或黑面、红面读数较差/mm	基本分划、辅助分划或黑面、红面所测高差较差/mm
二等	DS1	50	1	3	0.5	0.5	0.7
三等	DS1	100	3	6	0.3	1.0	1.5
	DS2	75				2.0	3.0
四等	DS2	100	5	10	0.2	3.0	5.0
五等	DS2	100	大致相等	—	—	—	—

注：1. 二等水准视线长度小于 20 m 时，其视线高度不应低于 0.3 m；

2. 三、四等水准采用变动仪器高度观测单面水准尺时，所测两次高差较差，应与黑面、红面所测高差之差的要求相同；

3. 数字水准仪观测，不受基、辅分划或黑、红面读数较差指标的限制，但测站两次观测的高差较差，应满足本表中相应等级基、辅分划或黑、红面所测高差较差的限值

4.2 高程控制测量的实施方法

高程控制测量的方法主要有水准测量和三角高程测量。本节重点介绍简易工程高程控制测量的实施方法——水准测量。

4.2.1 高差法

水准测量的基本原理是利用水准仪提供的一条水平视线，借助两点水准尺上的读数，测定地面两点间的高差，再根据已知点的高程推算出未知点的高程。

视频：高程控制测量的实施方法

如果水准测量由 A 至 B 的方向进行测量，如图 4-1 中的箭头所示，A 点称为后视点，后视点上竖立的标尺称为后视尺，后视尺上的读数称为后视读数，记为 a ；B 点称为前视点，前视点上竖立的标尺称为前视尺，前视尺上的读数称为前视读数，记为 b ；两点间的高差等于后视读数减去前视读数，即 $h_{AB} = a - b$ 。测得两点间高差 h_{AB} 后，若已知 A 点的高程 H_A ，则 B 点的高程 H_B 可按下式计算：

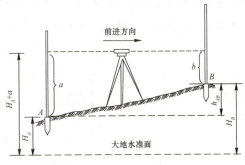

图 4-1　水准测量原理

如果 $a > b$ ，则高差 h_{AB} 为正，说明 B 点高于 A 点；反之，$a < b$ ，则高差 h_{AB} 为负，说明 B 点低于 A 点。在测量和计算 h_{AB} 中应特别注意下标的写法：h_{AB} 表示 A 点至 B 点的高差，而 h_{BA} 则表示 B 点至 A 点的高差，两个高差应该是绝对值相同而符号相反，即 $h_{AB} = -h_{BA}$ 。

高差法适用根据一个已知点确定单个点高程的情况。

$$H_B = H_A + h_{AB} \tag{4-1}$$

$$H_B = H_A + h_{AB} = H_A + (a - b) \tag{4-2}$$

【例 4-1】　已知 A 点高程 $H_A = 452.623$ m，后视读数 $a = 1.571$ m，前视读数 $b = 0.685$ m，求 B 点高程。

解：A 点至 B 点的高差：$h_{AB} = 1.571 - 0.685 = 0.886$(m)

B 点高程：　$H_B = 452.623 + 0.886 = 453.509$(m)

【例 4-2】　如图 4-2 所示，已知 A 点桩顶标高为 ± 0.000，后视 A 点读数 $a = 1.217$ m，前视 B 点读数 $b = 2.426$ m，求 B 点高程。

解：A 点至 B 点的高差：$h_{AB} = a - b = 1.217 - 2.426 = -1.209$(m)

B 点高程：$H_B = H_A + h_{AB} = 0 + (-1.209) = -1.209$(m)

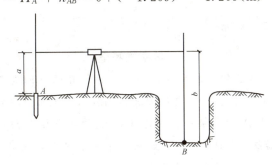

图 4-2　例 4-2 图

4.2.2　视线高法

根据一个已知后视点的高程，通过一次安置仪器测定多个前视点，利用仪器视线高程来计算多个未知点高程的方法称为视线高法。如图 4-3 所示，B 点高程通过仪器视线高程 H_i 求得，由式(4-3)、式(4-4)通过视线高程推算待定点高程的方法称为视线高法。视线高法和高差法的测量原理是相同的,区别在于计算高程时次序的不同。通过一次安置仪器求多个待测点的高程时,视线高法比高差法更为方便,在建筑施工中被广泛采用。

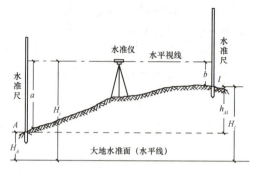

图 4-3　视线高法

视线高程 $\qquad$ $H_i = H_A + a$ $\qquad$ (4-3)

待定点高程 $\qquad$ $H_B = H_i - b$ $\qquad$ (4-4)

【例 4-3】　如图 4-4 所示,已知 A 点高程 $H_A = 423.518$ m,要测出相邻 1、2、3 点的高程。先测得 A 点后视读数 $a = 1.563$ m,接着在各待定点上立尺,分别测得读数 $b_1 = 0.953$ m,$b_2 = 1.152$ m,$b_3 = 1.328$ m。

解:先计算出视线高程:

$$H_i = H_A + a = 423.518 + 1.563 = 425.081(\text{m})$$

各待定点高程分别为

$$H_1 = H_i - b_1 = 425.081 - 0.953 = 424.128(\text{m})$$

$$H_2 = H_i - b_2 = 425.081 - 1.152 = 423.929(\text{m})$$

$$H_3 = H_i - b_3 = 425.081 - 1.328 = 423.753(\text{m})$$

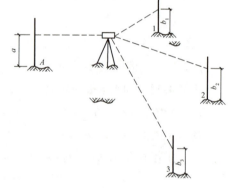

图 4-4　例 4-3 图

📝 知识拓展

三角高程测量

三角高程测量是根据两点间的水平距离和垂直角计算两点间高差的。其适用在地形起伏大的地区进行高程控制。实践证明,电磁波三角高程的精度可以达到四等水准的要求。

如图 4-5 所示,已知点 A 的高程 H_A,B 为待定点,待求高程为 H_B。在点 A 安置经纬仪,测得竖直角 α。量取仪器高 i 和目标高 v。如果测得 A、B 点的水平距离 D,则

$$A、B 两点间的高差 \; h_{AB} = D_{AB}\tan\alpha + i - v$$

$$B 点的高程 \; H_B = H_A + h_{AB} = H_A + D_{AB}\tan\alpha + i - v$$

由于大地水准面是曲面,过测站点的曲面切线不一定和水平视线平行。故测得的高差和实际高差不一定相等。空气密度随着所在位置的高程变化,越到高空,密度越小,光线通过由下而上密度均匀变化的大气层时,光线发生折射,形成凹向地面的曲线,引起三角高程测量偏差。因此,在实际计算中,还需要消除地球曲率和大气折光对高程的影响。

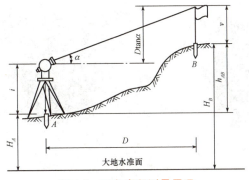

图 4-5　三角高程测量原理

4.3　水准测量的仪器和工具

视频：水准测量的仪器和工具

水准测量所使用的仪器为水准仪，工具为水准尺和尺垫。水准仪按结构可分为微倾式水准仪、自动安平水准仪、激光水准仪和数字水准仪（又称电子水准仪）；按精度可分为精密水准仪和普通水准仪（图 4-6）。

图 4-6　水准仪

(a)DS3 型微倾式水准仪；(b)自动安平水准仪；(c)电子水准仪

目前，水准测量大多采用自动安平水准仪和电子水准仪。自动安平水准仪利用自动补偿器代替水准管，观测时只用圆水准器进行粗平，照准后不需要精平，然后借助自动补偿器自动地把视准轴置平，即可读出视线水平时的读数。电子水准仪是以自动安平水准仪为基础，在望远镜光路中增加了分光镜和探测器（CCD），并采用条纹编码标尺和图像的处理电子系统，能够完成自动读数和高差计算。水准仪按其高程测量精度可分为 DS05、DS1、DS2、DS3、DS10 几种等级。"D"和"S"是"大地"和"水准仪"的汉语拼音的第一个字母，数字为每千米水准测量的高差中误差（毫米），数字越小，精度越高。DS05、DS1 属于精密水准仪，DS2、DS3、DS10 属于普通水准仪。如果"DS"改为"DSZ"，则表示该仪器为自动安平水准仪。

4.3.1　水准仪构造

1. DS3 型微倾式水准仪

根据水准测量的原理，水准仪的主要作用是提供一条水平视线，并能照准水准尺进行读数。因此，它主要由望远镜、水准器和基座三部分构成。图 4-7 所示为我国生产的 DS3 型微倾式水准仪。

视频:DS3
微倾式水准仪

图 4-7　DS3 型微倾式水准仪

1—外瞄准器;2—目镜;3—管水准器;4—圆水准器;5—定平螺旋;6—物镜;

7—水平制动螺旋;8—基座;9—目镜对光螺旋;10—物镜对光螺旋;11—微倾螺旋;12—水平微动螺旋

望远镜的作用是能使人看清楚不同距离的目标,并提供一条照准目标的视线。

图 4-8 所示为 DS3 型水准仪望远镜的构造图,主要由物镜、镜筒、调焦透镜、十字丝分划板、目镜等部件构成。物镜、调焦透镜和目镜多采用复合透镜组。物镜固定在物镜筒前端,调焦透镜通过调焦螺旋可沿光轴在镜筒内前后移动。十字丝分划板是安装在物镜与目镜之间的一块平板玻璃,上面刻有两条相互垂直的细线,称为十字丝,如图 4-9 所示,竖的一条称为竖丝,中间横的一条称为中丝(或横丝),是为了瞄准目标和读取读数用的;在中丝的上下还对称地刻有两条与中丝平行的短横线,是用来测距离的,称为视距丝。十字丝分划板通过压环安装在分划板座上,套入物镜筒后再通过校正螺钉与镜筒固连。

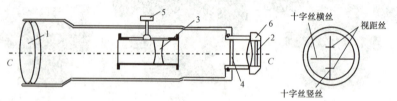

图 4-8　DS3 型水准仪望远镜的构造

1—物镜;2—目镜;3—物镜调焦透镜;

4—十字丝分划板;5—物镜调焦螺旋;6—目镜调焦螺旋

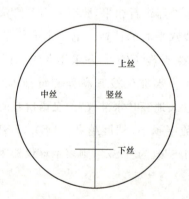

图 4-9　十字丝分划板

物镜光心与十字丝交点的连线称为视准轴或视准线。视准轴是指水准测量中用来读数的视线。水准测量是指在视准轴水平时,用十字丝的中丝截取水准尺上的读数。

望远镜成像原理如图 4-10 所示。目标 AB 经过物镜后,形成一倒立缩小的实像 ab。移动对光凹透镜可使不同距离的目标均能成像在十字丝平面上,再通过目镜的作用,可看清楚同时放大了的十字丝和目标影像 $a'b'$。

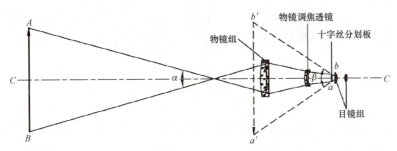

图 4-10　望远镜成像原理

通过望远镜所看到的目标影像的视角与肉眼直接观察该目标的视角之比,称为望远镜的放大率。通过望远镜所看到的目标影像的视角为 β,用肉眼直接观察该目标的视角可近似地认为是 α,故放大率 $V = \dfrac{\beta}{\alpha}$。DS3 型水准仪望远镜放大率为 28 倍。

(1)水准器。水准器是用来判别视准轴是否水平或仪器竖轴是否竖直的装置。水准器分为管水准器和圆水准器两种。管水准器用来判别视准轴是否水平;圆水准器用来判别竖轴是否竖直。

1)管水准器又称水准管,是把纵向内壁琢磨成圆弧形的玻璃管,管内装酒精和乙醚的混合液,管子加热融闭后,在管内形成一个气泡(图 4-11)。由于气泡很轻,故恒处于管内最高位置。水准管圆弧中点 O 称为水准管零点。过零点与内壁圆弧相切的直线 LL,称为水准管轴。当水准管气泡中心与零点重合时,称为气泡居中,这时水准管轴处于水平位置。

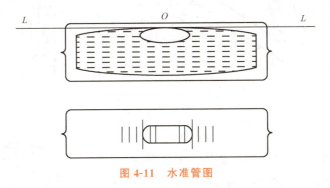

图 4-11　水准管图

水准管 2 mm 的弧长所对圆心角 τ 称为水准管分划值(图 4-12),即气泡每移动一格时,水准管轴所倾斜的角值。该值为

$$\tau = \frac{2}{R}\rho \tag{4-5}$$

式中　R——水准管圆弧半径(mm);
　　　ρ——$\rho = 206\ 265''$。

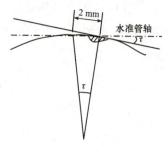

图 4-12　水准管分划值

水准管分划值的大小反映了仪器置平精度的高低。式(4-5)说明，水准管半径越大，分划值越小，则水准管灵敏度(整平仪器的精度)越高。安装在 DS3 型水准仪上的水准管，其分划值为 $20''/2\ \text{mm}$。

为了提高调整水准管气泡居中的精度和速度，微倾式水准仪在水准管上方安装一组符合棱镜，如图 4-13(a)所示。通过符合棱镜的折光作用，气泡两端各半个影像反映在望远镜旁的气泡观察窗中，若气泡两端的半像吻合时，表示气泡居中；若两端半像错开[图 4-13(b)]，则表示气泡不居中，这时应转动微倾螺旋使气泡半像吻合[图 4-13(c)]，这种水准器称为符合水准器。

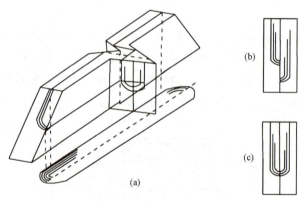

图 4-13　符合水准器

(a)符合棱镜；(b)气泡半像不吻合；(c)气泡半像吻合

2)圆水准器(图 4-14)顶面的内壁是一个球面，球面中央有圆分划圈，圆圈的中心称为水准器零点。通过零点的球面法线称为圆水准轴。当圆水准器气泡居中时，圆水准轴处于竖直位置。圆水准器的分划值是指通过零点的任意一个纵断面上，气泡中心偏离 2 mm 的弧长所对圆心角的大小。DS3 型水准仪圆水准器分划值一般为 $8'\sim10'/2\ \text{mm}$。由于它的精度较低，故只用于仪器的概略整平。

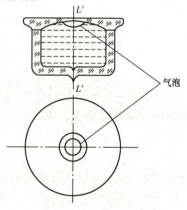

图 4-14　圆水准器

(2)基座。基座的作用是支撑仪器的上部并与三脚架连接。如图 4-15 所示,基座主要由轴座、脚螺旋和连接板构成。仪器上部通过竖轴插入轴座内,由基座托承。整个仪器用连接螺旋与三脚架连接。

图 4-15　基座

2. 自动安平水准仪

自动安平水准仪是用设置在望远镜内的自动补偿器代替水准管,观测时,只需将水准仪上的圆水准器气泡居中,便可通过中丝读到水平视线在水准尺上的读数。由于仪器不用调节水准管气泡居中,从而简化了操作,提高观测速度约为 40%。

视准轴水平时,十字丝交点在 B 处,读到水平视线的读数为 α(图 4-16)。当视准轴倾斜了一个小角 α 时,十字丝交点从 B 处移到 A 处,显然 $AB = f\alpha$(f 为物镜等效焦距),这时从 A 处读到的数 α 不是水平视线的读数,为了在视准轴倾斜时,仍能在十字丝交点 A 处读得水平视线的读数 α,在光路中装置一个光学补偿器,使读数为 α 的水平光线经过补偿器偏转 β 角后恰好通过倾斜视准轴的十字丝交点 A。这时,$AB = d\beta$(d 为补偿器到十字丝交点 A 的距离)。因此,补偿器必须满足以下条件:

$$f\alpha = d\beta \tag{4-6}$$

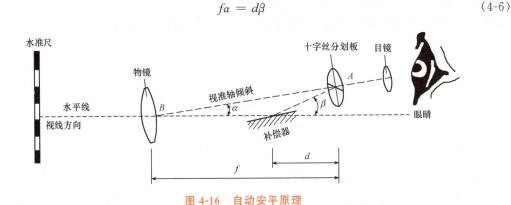

图 4-16　自动安平原理

这样,即使视准轴存在一定的倾斜(倾斜角限度为 $\pm 10'$),在十字丝交点 A 处却仍能读到水平视线的读数 α,达到了自动安平的目的。

使用自动安平水准仪观测时,在安置好仪器、将圆水准器气泡居中后,即可照准水准尺,直接读出水准尺读数。

3. 电子水准仪

电子水准仪具有测量速度快、读数客观、能减轻作业劳动强度、精度高、测量数据便于输入计算机和容易实现水准测量内外业一体化的特点。因此,它被投放到市场后很快受到用户青睐。国外的低精度高程测量盛行使用各种类型的激光放线仪和激光扫平仪,因此,电子水准仪定位在中精度和高精度水准测量范围,分为两个精度等级:中精度的标准差为 1.0～1.5 mm/km,高精度的标准差为 0.3～0.4 mm/km。

(1)电子水准仪的基本原理。电子水准仪又称数字水准仪,它是在自动安平水准仪的基础上发展起来的,它采用条码标尺,各厂家标尺编码的条码图案不相同,不能互换使用。目前照准标尺和调焦仍需目视进行。人工完成照准和调焦之后,标尺条码一方面被成像在望远镜分化板上,供目视观测;另一方面,通过望远镜的分光镜,标尺条码又被成像在光电传感器(又称探测器)上,即线阵CCD器件上,供电子读数。因此,如果使用传统水准标尺,电子水准仪又可以像普通自动安平水准仪一样使用,但是这时的测量精度低于电子测量的精度,特别是精密电子水准仪,由于没有光学测微器,当成普通自动安平水准仪使用时,其精度更低。

(2)电子水准仪的共同特点。电子水准仪是以自动安平水准仪为基础,在望远镜光路中增加了分光镜和探测器(CCD),并采用条码标尺和图像处理电子系统构成的光机电测一体化的高科技产品。它与传统仪器相比的共同特点:读数客观,不存在误差、误记问题,没有人为的读数误差。

电子水准仪的精度高,其视线高和视距读数都是采用大量条码分划图像经处理后取平均得出来的,因此,削弱了标尺分划误差的影响,多数仪器都有进行多次读数取平均的功能,可以削弱外界条件影响,不熟练的作业人员也能进行高精度测量;电子水准仪的速度快,由于省去了报数、听记、现场计算的时间及人为出错的重测数量,测量时间与传统仪器相比可以节省1/3左右;电子水准仪的效率高,只需调焦和按键就可以自动读数,减轻了劳动强度,视距还能自动记录、检核、处理并能输入电子计算机进行后处理,可实现内外业一体化。

📝 故事链接

我国古代的"水准测量"

在唐代,由于疆域的扩大,我国农业生产与水利事业普遍发展,测量技术也有了长足的进步。李筌在其所著的《太白阴经》中对测量地势所用的"水平"("水准仪")有较为详细的记述。这套测量工具由三部分组成,即"水平""照板""度竿"。

"水准仪"设有水平槽,水平槽的长度为二尺四寸,两头与中间共凿有三个池子,池子的横向长度为一寸八分,纵向长度为一寸,深为一寸三分,池与池间相隔一尺五分,中间有通水渠相连,通水渠宽为三分,深度与池深相同,各水池中放有浮木,浮木的宽狭略小于池,其厚为三分;浮木上建有"立齿",齿为高八分,宽一寸七分,厚为一分(图4-17)。

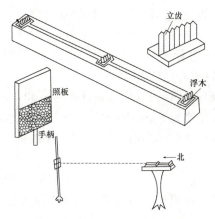

图 4-17 "水平"结构和观测示意

"照板"是一形如方扇的板,长为四尺,其中下面二尺为黑色,上面二尺为白色,宽为三尺;手柄长一尺。"度竿"即测竿,长二丈,其刻度精确至"分",共两千分。

观测时,首先将水注入水平槽的池子,三浮木随之浮起,其上的立齿尖端则会保持在同一水平线上;然后,观测者即可借立齿尖端水平地瞄望远处的度竿。由于度竿的刻度太小,观测者不能像我们使用现代化水准仪那样直接由望远镜读数,于是间接地利用"照板"巧妙地解决了这一问题,即持度竿的人还要握一照板,并将照板在度竿的后方上下移动。当观测者见到板上的黑白交线与其瞄准视线齐平时,则召持板人停止移动,并由持板人记下度竿上所对应的刻度。由于照板目标较大,所以可以测距十步(唐以后,一步等于五尺),或一里,达十几里目力能及之地。由此可见,这套仪器的使用方法与现代水准测量大同小异。

4.3.2 水准尺和尺垫

水准尺是水准测量时使用的标尺。其质量的好坏直接影响水准测量的精度。因此,水准尺需用不易变形且干燥的优质木材制成;要求尺长稳定,分划准确。如图 4-18 所示,常用的水准尺有塔尺和双面尺两种,采用优质木材或玻璃钢制成。

图 4-18 常用的水准尺
(a)双面尺(一对);(b)塔尺

双面尺也称直尺或板尺[图 4-18(a)],多用于三、四等水准测量。双面尺的长度有 2 m 和 3 m 两种。双面尺的双面均有刻画,一面为黑白相间,称为黑面尺(也称基本分划),尺底端起点为零;尺的另一面为红白相间,称为红面尺(也称辅助分划),尺底端起点不为零,而是一常数 K。一根尺常数为 4.787 m,另一根尺常数为 4.687 m。一根尺由 4.687 m 开始至 6.687 m 或 7.687 m,另一根尺由 4.787 m 开始至 6.787 m 或 7.787 m。双面尺一般成对使用,利用黑红面尺零点差可对水准测量读数进行检核。

塔尺由两节或三节套接而成[图 4-18(b)],长度有 3 m 和 5 m 两种。尺的底部为零刻画,尺面以黑白相间的分划刻画,每格宽 1 cm,也有的为 0.5 cm,分米处注有数字,大于 1 m 的数字注记加注红点或黑点,点的个数表示米数。塔尺因节段接头处存在误差,故多用于精度要求较低的水准测量。

尺垫由三角形的铸铁块制成(图 4-19),上部中央有凸起的半球。使用时,将尺垫踏实,以防下沉,把水准尺立于凸起的半球顶部。凸起的半球顶点作为竖立水准尺和标志转点之用。

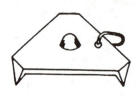

图 4-19 尺垫

4.3.3 水准仪的使用

水准仪的使用包括仪器的安置、粗略整平、瞄准水准尺、精平和读数等操作步骤。

(1)水准仪的安置。安置水准仪的基本方法:在测站上安置三脚架,调节架脚使高度适中,目估使架头大致水平,检查脚架伸缩螺旋是否拧紧。然后,打开仪器箱,取出水准仪,用连接螺旋把水准仪安置在三脚架头上。安装时,应用手扶住仪器,以防仪器从架头滑落。地面松软时,应将三脚架踩入土中,在踩三脚架时应注意使圆水准气泡尽量靠近中心。

视频:水准仪的使用

(2)粗略整平。粗略整平是用仪器脚螺旋将圆水准器气泡调节到居中位置,借助圆水准器气泡居中使仪器竖轴大致铅直,视准轴粗略水平。具体做法:先将三脚架的两架脚踏实,操纵另一架脚左右、前后缓缓移动,使圆水准气泡基本居中(气泡偏离零点不要太远),再将此架脚踏实,然后调节脚螺旋使气泡完全居中。调节脚螺旋的方法如图 4-20 所示。在整平过程中,气泡移动的方向与左手(右手)大拇指转动方向一致;有时,要按上述方法反复调整脚螺旋,才能使气泡完全居中。

图 4-20 圆水准气泡整平

(3)瞄准水准尺。首先,进行目镜对光,即把望远镜对着明亮背景转动目镜调焦螺旋,使十字丝成像清晰。再松开制动螺旋,转动望远镜,用望远镜筒上部的准星和照门大致对准水准尺后,拧紧制动螺旋。然后,从望远镜内观察目标,调节物镜调焦螺旋,使水准尺成像清晰。最后,用微动螺旋转动望远镜,使十字丝竖丝对准水准尺的中间稍偏一点,以便读数。

在物镜调焦后,当眼睛在目镜端上下做少量移动时,有时会出现十字丝与目标有相对运动的现象,这种现象称为视差。产生视差的原因是目标通过物镜所成的像没有与十字丝平面重合(图 4-21)。由于视差的存在会影响观测结果的准确性,所以必须加以消除。

消除视差的方法是仔细地反复进行目镜和物镜调焦,直到眼睛上下移动,读数不变为止。此时,从目镜端见到十字丝与目标的像都十分清晰。

图 4-21　视差现象

(a)存在视差;(b)没有视差

(4)精平。精确整平简称精平,就是在读数前转动微倾螺旋使水准管气泡居中,从而达到视准轴精确水平的目的。精平时,应徐徐转动微倾螺旋,直到气泡影像稳定。

(5)读数。读取十字丝中丝截在水准尺上的读数。直接读出米、分米和厘米,估读出毫米(图 4-22)。现在的水准仪多采用倒像望远镜,因此,读数时应从小往大,即从上往下读;也有正像望远镜,读数与此相反。

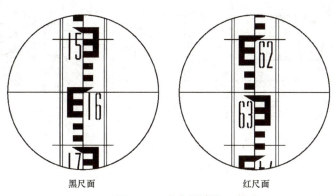

黑尺面　　　　　　　红尺面

图 4-22　水准尺读数

4.4　水准测量外业观测

4.4.1　埋设水准点

用水准测量方法测定的高程控制点,称为水准点(记为 BM)。水准测量通常是从已知水准点引测到其他点的高程。水准点有永久性和临时性两种(图 4-23)。水准点的位置应选在土质坚硬、便于长期保存和使用方便的地点。水准点按其精度可分为不同的等级。国家水准点分为四个等级,即一、二、三、四等水准点,按国家规范要求埋设永久性标石标志。地面水准点按一定规格埋设,一般用石料或钢筋混凝土制成,埋深到地面冻结线以下。在标石顶部设置有用不易腐蚀的材料制成的半球状标志[图 4-24(a)];墙上水准点应按规格要求设置在永久性建筑物上[图 4-24(b)]。

地形测量中的图根水准点和一些施工测量使用的水准点,常采用临时性标志,可用木桩或道钉打入地面[图 4-23(b)],也可在地面上凸出的坚硬岩石或房屋四周水泥面、台阶等处用红油漆做标志。

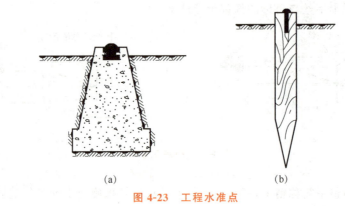

图 4-23　工程水准点

(a)永久性水准点;(b)临时性水准点

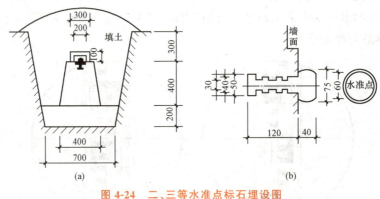

图 4-24　二、三等水准点标石埋设图

(a)国家等级水准点;(b)墙上水准点

4.4.2　水准路线布设形式

在水准点间进行水准测量所经过的路线称为水准路线;相邻两水准点间的路线称为测段。在水准测量中,为了避免观测、记录和计算中发生人为差错,并保证测量成果达到一定的精度要求,必须布设某种形式的水准路线,利用一定的条件来检核所测结果的正确性。在一般的工程测量中,水准路线布设形式主要有以下三种形式。

1. 附合水准路线

如图 4-25(a)所示,从已知高程的水准点 BM_A 出发,沿待定高程的水准点 1、2、3 进行水准测量,最后附合到另一已知高程的水准点 BM_B 所构成的水准路线,称为附合水准路线。

2. 闭合水准路线

如图 4-25(b)所示，从已知高程的水准点 BM_A 出发，沿各待定高程的水准点 1、2、3、4 进行水准测量，最后又回到原出发点 BM_A 的环形路线，称为闭合水准路线。

3. 支水准路线

如图 4-25(c)所示，从已知高程的水准点 BM_A 出发，沿待定高程的水准点 1 进行水准测量，这种既不闭合又不附合的水准路线，称为支水准路线。支水准路线要进行往返测量，以资检核。

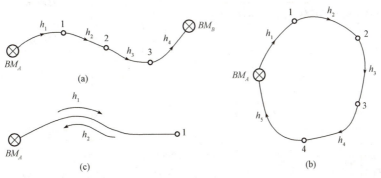

图 4-25　水准路线

(a)附合水准路线；(b)闭合水准路线；(c)支水准路线

4.4.3　水准测量的施测方法

在水准测量过程中，如果两点距离较近、坡度也不大时，可以在距离两点大致相等的位置安置仪器，直接进行观测，求出两点高差。但在实际工作中，往往两点间距离较远或坡度较陡，不可能安置一次仪器就能测出两点间的高差。如图 4-26 所示，测量过程中需要在实测路线中设置若干个过渡点，即转点。这些转点将观测路线分成若干段，连续设置仪器，依次测得各段高差，然后再根据 A 点高程，求得 B 点高程。转点是临时的立尺点，作为传递高程的过渡点，用 TP（Turning Point）表示，转点必须选在比较坚实、易于观测的地方。

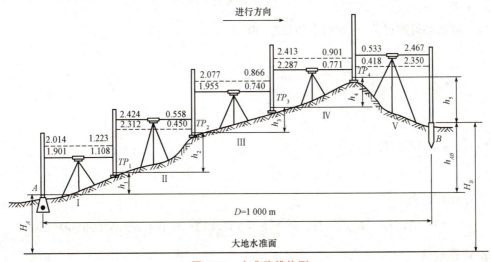

图 4-26　水准路线施测

77

1. 观测与记录

如图 4-26 所示,已知水准点 BM_A 的高程 $H_A = 132.815$ m,共设 5 个测站,欲求 B 点高程。首先,将仪器安置在第 Ⅰ 站,后视 A 点标尺读数为 1.453 m,在转点 TP_1 立标尺得前视读数 0.873 m,将第 Ⅰ 站的读数填入表 4-3 中。依次测量,将数据填入表 4-3 中。

表 4-3　水准测量手簿

测站	测点	水准尺读数/m		高差/m		高程/m	备注
		后视读数	前视读数	+	−		
1	BM_A	1.453		0.580		132.815	
	TP_1		0.873				
2	TP_1	2.532		0.770			
	TP_2		1.762				
3	TP_2	1.372		1.337			
	TP_3		0.035				
4	TP_3	0.874			0.929		
	TP_4		1.803				
5	TP_4	1.020			0.564		
	B		1.584			134.009	
计算检核	$\sum$	7.251	6.057	2.687	1.493		
	$\sum a - \sum b = +1.194$ m			$\sum h = +1.194$ m		$h_{AB} = H_B - H_A = +1.194$ m	

注:1. 在相邻两站观测过程中转点尺垫不许有任何变动;
　　2. 测站:每安置一次仪器,称为一个测站

2. 计算

每一测站都可测得前、后视两点的高差,即

$$h_1 = a_1 - b_1$$
$$h_2 = a_2 - b_2$$
$$\cdots\cdots$$
$$h_4 = a_4 - b_4$$

将上述各式相加,得

$$h_{AB} = \sum h = \sum a - \sum b \tag{4-7}$$

则 B 点高程为

$$H_B = H_A + h_{AB} = H_A + \sum h = 132.815 + 1.194 = 134.009 \text{(m)}$$

3. 计算检核

为了保证记录表中数据的正确,应对后视读数总和减前视读数总和、高差总和、B 点高程

与 A 点高程之差进行检核,这三个数字应相等。

$$\sum a - \sum b = 7.251 - 6.057 = +1.194(\text{m})$$

$$\sum h = 2.687 - 1.493 = +1.194(\text{m})$$

$$H_B - H_A = 134.009 - 132.815 = +1.194(\text{m})$$

4. 水准测量的测站检核

变动仪器高法是在同一个测站上用两次不同的仪器高度,测得两次高差进行检核。其要求改变仪器高度应大于 10 cm,两次所测高差之差不超过容许值,取其平均值作为该测站最后结果,否则需要重测。

双面尺法分别对双面水准尺的黑面和红面进行观测。利用前视、后视的黑面和红面读数,分别计算出两个高差。如果两次高差不超过规定的限差(如四等水准测量容许值为 ± 5 mm),取其平均值作为该测站最后结果,否则需要重测。

4.4.4 三、四等水准测量的观测与记录

三、四等水准路线的布设,在测区作为首级高程控制时,应布设成闭合水准路线形式;而在山区、带状工程测区,可布设为水准支线。与普通水准测量相比,三、四等水准测量的精度更高,削弱观测误差的措施更严谨,一般需要采用黑、红双面水准尺。

视频:三、四等水准测量的观测

1. 双面尺法

双面尺法采用的水准尺为配对的双面尺,在测站应按以下顺序观测读数,读数应填入记录表的相应位置(表 4-4)。

(1)一个测站上的观测顺序。

第一步:瞄准后视尺黑面,读取下丝、上丝、中丝读数;计入(1)、(2)、(3)。

第二步:瞄准后视尺红面,读取中丝读数;计入(8)。

第三步:瞄准前视尺黑面,读取下丝、上丝、中丝读数;计入(4)、(5)、(6)。

第四步:瞄准前视尺红面,令气泡重新准确符合,读取中丝读数;计入(7)。

以上(1)、(2)、…(8)表示三、四等水准测量每站观测顺序。这样的观测顺序简称为"后—后—前—前"。其优点是可以大大减弱仪器下沉误差的影响。四等水准测量测站观测顺序也可采用"后—前—前—后"。

(2)测站上的计算及检核。

1)每一测站的计算与检核工作。

①视距计算。

后视距离=[(1)项—(2)项]×100,记入第(9)项;

前视距离=[(5)项—(6)项]×100,记入第(10)项;

前、后视距离差 d=(9)项—(10)项,记入第(11)项;该值在三等水准测量时,不得超过 3 m,在四等水准测量时不得超过 5 m。

②同一水准尺黑、红面中丝读数的检核。同一水准尺红、黑面中丝读数之差，应等于该尺红、黑面常数 K（4.687 或 4.787），其差值为后视尺：(3)项＋K－(4)项＝(13)项；前视尺：(7)项＋K－(8)项＝(14)项。

(13)、(14)值的大小在三等水准测量时，不得超过 2 mm；四等水准测量时，不得超过 3 mm。

③高差计算及检核。

黑面所测高差：(3)项－(7)项＝(15)项（黑面尺高差）；

红面所测高差：(4)项－(8)项＝(16)项（红面尺高差）；

黑红面所测高差之差：(17)项＝(15)项－[(16)项±0.1 m]。

该值在三等水准测量中不得超过 3 mm，四等水准测量中不得超过 5 mm，式中 0.100 为单、双号两根水准尺红面底部注记之差，以米（m）为单位。

平均高差：高差中数(18)项 $= \dfrac{1}{2}$[(15)项＋(16)项±0.1 m]。

2）记录手簿每页应进行的计算与检核。

①视距计算检核。前视距离总和减后视距离总和应等于末站视距累积差，即前、后距差累积值 $\sum d$＝本站(11)＋前站(12)，记入第(12)项。

②高差计算检核。红、黑面后视总和减红、黑面前视总和应等于红、黑面高差总和，还应等于平均高差总和的两倍。

对于测站数为偶数：

$$\sum[(3)+(8)]-\sum[(6)+(7)]=\sum[(15)+(16)]=2\sum(18)$$

对于测站数为奇数：

$$\sum[(3)+(8)]-\sum[(6)+(7)]=\sum[(15)+(16)]=2\sum(18)\pm0.100$$

视频：三、四等
水准测量的记录

用双面尺法进行三、四等水准测量的记录、计算与检核实例见表4-4。

表 4-4　三、四等水准测量的记录（双面尺法）表

测站编号	点号	后尺下丝 / 后尺上丝 / 后视距 / 视距差 d	前尺下丝 / 前尺上丝 / 前视距 / $\sum d$	方向及尺号	水准尺读数 黑面	水准尺读数 红面	K＋黑－红	高差中数	高程
		(1)	(5)	后	(3)	(4)	(13)		
		(2)	(6)	前	(7)	(8)	(14)		
		(9)	(10)	后－前	(15)	(16)	(17)	(18)	
		(11)	(12)						
1	BM_1 TP_1	1.571	0.744	后 47	1.384	6.171	0		
		1.197	0.358	前 46	0.551	5.239	−1		
		37.4	38.6	后－前	＋0.833	＋0.932	＋1	＋0.832 5	43.578
		−1.2	−1.2						

测站编号	点号	后尺下丝	前尺下丝	方向及尺号	水准尺读数		K+黑－红	高差中数	高程
		后尺上丝	前尺上丝		黑面	红面			
		后视距	前视距						
		视距差 d	$\sum d$						
2	TP₁	2.121	2.201	后 46	1.934	6.921	0		
		1.747	1.816	前 47	2.008	6.796	−1	−0.074 5	
	TP₂	37.4	38.5	后－前	−0.074	−0.175	+1		
		−1.1	−2.3						
3	TP₂	1.919	2.053	后 47	1.726	6.513	0		
		1.534	1.676	前 46	1.866	6.554	−1	−0.140 5	
	TP₃	38.5	37.7	后－前	−0.140	−0.041	+1		
		+0.8	−1.5						
4	TP₃	1.965	2.141	后 46	1.832	6.519	0		
		1.700	1.874	前 47	2.007	6.793	+1	−0.174 5	
	TP₃	26.5	26.7	后－前	−0.175	−0.274	−1		
		−0.2	−1.7						

（3）水准路线的整理计算。外业成果经验核无误后,按水准测量成果计算的方法,经高差闭合差的调整后,计算各水准点的高程。

2. 单面尺法

四等水准测量时,如果采用单面尺观测,则可按变更仪器高法进行检核。观测顺序是"后－前－变仪器高－前－后",变高前按三丝读数,变高后按中丝读数。在每个测站上需变动仪器高 10 cm 以上。

(1)一个测站上的观测顺序。

第一步:后视立于水准点上的水准尺,瞄准,粗平,读上、下、中丝读数,记入观测手簿;

第二步:前视立于第一点上的水准尺,瞄准,粗平,读上、下、中丝读数,记入观测手簿;

第三步:改变水准仪高度 10 cm 以上,重新安置水准仪;

第四步:前视立于第一点上的水准尺,瞄准、精平、读中丝读数,记入观测手簿;

第五步:后视立于水准点上的水准尺,瞄准、精平、读中丝读数,记入观测手簿。

(2)单面尺计算检核。单面尺法的计算见表 4-5,变更仪器高所测量的两次高差之差不得超过 5 mm,其他要求与双面尺法相同,合格时取两次的平均值作为测站高差。

表 4-5　四等水准测量记录(变更仪器高法)表

测站	点号	后尺上丝 / 后尺下丝 / 后视距 / 视距差	前尺上丝 / 前尺下丝 / 前视距 / 累计差	第一次仪器高:后尺中丝 / 第一次仪器高:前尺中丝 / 第一次仪器高:高差/m	第二次仪器高:后尺中丝 / 第二次仪器高:前尺中丝 / 第二次仪器高:高差/m	平均高差 h_i/m	修正后的高差 $\bar{h_i}=h_i-\dfrac{L_i}{L}f_h$ /m	高程/m
		后尺上丝	前尺上丝	第一次仪器高:后尺中丝	第二次仪器高:后尺中丝			
		后尺下丝	前尺下丝	第一次仪器高:前尺中丝	第二次仪器高:前尺中丝			
		后视距	前视距	第一次仪器高:高差/m	第二次仪器高:高差/m			
		视距差	累计差	—	—			
A	BM_1	1.681	0.849	1.494	11.372			
		1.307	0.473	0.66	0.541	0.832		$H_A=10.44$
		37.4	37.6	0.833	0.831			
		−0.2	−0.2					

(3)注意事项。当水准仪瞄准、读数时,水准尺必须立直,尺子的左、右倾斜,观测者在望远镜中根据纵丝变化可以发觉,而尺子的前后倾斜则不易发觉,立尺者应注意。

每一测站,两次仪器高测得两个高差值之差不应大于 5 mm,否则该测站应重测。

每一测站,通过上述测站检索,才能搬站;仪器未搬迁时,前、后视水准尺的立尺点如有尺垫则均不得移动;仪器搬迁了,说明已通过测站检核,后视的立尺人才能携尺前进至另一点;前视的立尺人仍不得移动尺垫,只需将尺面转向,由前视转变为后视。

4.5　水准测量内业计算

在水准测量的实施过程中,测站检核只能检核一个测站上是否存在错误或误差超限,计算检核只能检查计算是否正确,不能检核观测和记录时是否产生错误。对于一条水准路线来说,测站检核和计算检核都不能发现立尺点变动的错误,更不能说明整个水准路线测量的精度是否符合要求。同时,由于受温度、风力、大气折射和水准尺下沉等外界条件的影响,以及水准仪和观测者本身的原因,测量不可避免会存在误差。这些误差很小,在一个测站上反映得不明显,但随着测站数的增多,误差积累有时也会超过规定的限差。因此,应对整个水准路线的成果进行检核,如检核无误,满足了规定等级的精度要求,就可以进行内业计算。

4.5.1　闭合水准路线内业计算

1. 成果检核

如图 4-27 所示,当测区附近只有一个水准点 BM_A 时,欲求得 1、2、3 的高程,可以从点 BM_A 起实施水准测量,经过 1、2、3 点后,再重新闭合到点 BM_A 上,称为一个闭合水准路线。

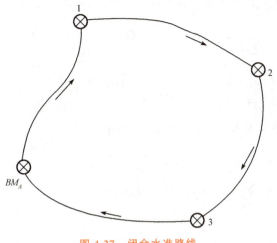

图 4-27　闭合水准路线

显然，理论上闭合水准路线的高差总和应等于零，即

$$\sum h_{理} = 0$$

由于测量中各种误差的影响，实测高差总和 $\sum h_{测}$ 不为零，它与理论高差总和的差数称为高差闭合差（f_h）。用公式表示为

$$f_h = \sum h_{测} - \sum h_{理} = \sum h_{测} \qquad (4-8)$$

各种测量规范对不同等级的水准测量都规定了高差闭合差均不应超过规定允许值，否则即认为水准测量结果不符合要求。高差闭合差的允许值的大小与测量等级有关。在测量规范中，对不同等级的水准测量做了高差闭合差允许值的规定。图根水准测量的高差闭合差允许值规定为

$$平地：\quad f_{h允} = \pm 40\sqrt{L}\ (\text{mm})$$

$$山地：\quad f_{h允} = \pm 12\sqrt{n}\ (\text{mm})$$

式中　L——水准路线长度（km）；

　　　n——测站数。

2. 内业计算

水准测量的外业测量数据，如经检核无误，满足了规定等级的精度要求，就可以进行内业成果计算。内业计算工作的主要内容是对高差闭合差进行分配，并计算各待定点的高程。以下结合例 4-3 介绍闭合水准路线内业计算方法和步骤，包括高差闭合差的调整与高程计算。

【例 4-4】　如图 4-28 所示，闭合水准路线各段高差观测值及其长度均注于图中，已知水准点 BM_5 的高程为 37.141 m，求 1、2、3 点的高程。

解：（1）计算高差闭合差改正数（v_i）。对同一条水准路线，假设观测条件是相同的，可认为每个测站产生误差的机会是相等的。因此，闭合差调整的原则和方法是按与测段距离（或

测站数)成正比例、并反其符号改正到各相应的高差上,得改正后高差,即

按距离: $v_i = -\dfrac{f_h}{\sum L} \times l_i$ (4-9)

或按测站数: $v_i = -\dfrac{f_h}{\sum n} \times n_i$ (4-10)

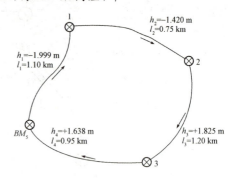

图 4-28 闭合水准路线

式中, $\sum L$ 为水准路线的总长; l_i 为各测段的距离; $\sum n$ 为水准路线测站数总和; n_i 为各测段的测站数。分配完后,必须满足 $\sum v = -f_h$,否则说明计算有误,应重新计算。

计算结果填入表4-6中第4栏。

(2)计算改正后高差。高差观测值加上高差改正数,即得改正后的高差 $h_{i改}$:

$$h_{i改} = h_i + v_i \tag{4-11}$$

以第1和第2测段为例,测段改正数为

$$v_1 = -\frac{f_h}{\sum L} \times l_1 = -(0.044/4) \times 1.1 = -0.012(\mathrm{m})$$

$$v_2 = -\frac{f_h}{\sum L} \times l_2 = -(0.044/4) \times 0.75 = -0.008(\mathrm{m})$$

检验: $\sum v = -f_h = -0.044\ \mathrm{m}$

第1与第2测段改正后的高差为

$$h_{1改} = h_{1测} + v_1 = -1.999 + (-0.012) = -2.011(\mathrm{m})$$

$$h_{2改} = h_{2测} + v_2 = -1.420 + (-0.008) = -1.428(\mathrm{m})$$

检核:改正后的高差之和 $\sum h_{改}$ 应等于0,否则应检查计算。

各测段改正后高差列入表4-6中第5栏。

(3)高程计算。根据检核过的改正后高差,由起点 A 开始,推算各点高程,即

$$H_1 = H_{BM5} + h_{1改} = 37.141 + (-2.011) = 35.130(\mathrm{m})$$

$$H_2 = H_1 + h_{2改} = 35.130 + (-1.428) = 33.702(\mathrm{m})$$

各点高程填入表4-6第6栏,最后计算得到的点高程应与已知高程相等,即

$$BM_{5(算)} = BM_{5(已知)} = 37.141\ \mathrm{m}$$

否则说明高程计算有误。

表 4-6　闭合水准路线高差闭合差调整与高程计算表

点号	距离/km	高差观测值/m	高差改正数/m	改正后高差/m	高程/m	备注
BM_5					37.141	
	1.10	−1.999	−0.012	−2.011		
1					35.130	
	0.75	−1.420	−0.008	−1.428		
2					33.702	
	1.20	+1.825	−0.013	+1.812		BM_5 为已知
3					35.514	高程点
	0.95	+1.638	−0.011	+1.627		
BM_5					37.141	
	4.00	+0.044	−0.044	0		
$\sum$						
辅助计算	$f_h = +44 \text{ mm}$　　　　$\sum L = 4.00 \text{ km}$ $f_{h允} = \pm40\sqrt{L} = \pm80 \text{ mm}$　　　　$-f_h / \sum L = -11 \text{ mm}$					

✏️ **典型案例**

一闭合水准路线，A 为已知水准点，A 点高程为 51.732 m，其观测成果如图 4-29 所示，计算 1、2、3 各点的高程。

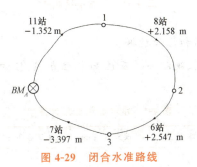

11站
−1.352 m
8站
+2.158 m
7站
−3.397 m
6站
+2.547 m
BM_A
1
2
3

图 4-29　闭合水准路线

案例解答

4.5.2　附合水准路线内业计算

1. 成果检核

如图 4-30 所示，BM_3 和 BM_5 为已知高程的水准点，B_{01}、B_{02} 为待定高程点。从已知高程水准点出发，沿各个待定高程的点进行水准测量，最后附合到另一已知高程水准点，这种水准路线称为附合水准路线。

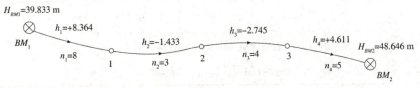

$H_{BM1} = 39.833 \text{ m}$
BM_1
$h_1 = +8.364$
$n_1 = 8$
1
$h_2 = -1.433$
$n_2 = 3$
2
$h_3 = -2.745$
$n_3 = 4$
3
$h_4 = +4.611$
$n_4 = 5$
$H_{BM2} = 48.646 \text{ m}$
BM_2

图 4-30　附合水准路线示意

理论上,附合水准路线中各待定高程点间高差的代数和,应等于始、终两个已知水准点高程之差,即

$$\sum h_{理} = H_{终} - H_{始}$$

式中,$H_{终}$ 与 $H_{始}$ 分别表示最终点与起始已知点的高程。

按高差闭合差的定义可知:

$$f_h = \sum h_{测} - \sum h_{理} = \sum h_{测} - (H_{终} - H_{始}) \tag{4-12}$$

高差闭合差的允许值和校核要求与闭合水准路线相同。

2. 内业计算

现以图 4-31 和表 4-7 中的观测数据为例来说明附合水准路线高差闭合差调整与高程计算。

【例 4-5】 图 4-31 所示为一附合水准路线图根水准测量示意,A、B 为已知高程的水准点,1、2、3 为待定高程的水准点,h_1、h_2、h_3 和 h_4 为各测段观测高差,n_1、n_2、n_3 和 n_4 为各测段测站数,L_1、L_2、L_3 和 L_4 为各测段长度。现已知 $H_A = 65.376$ m,$H_B = 68.623$ m,各测段站数、长度及高差均注于图中。

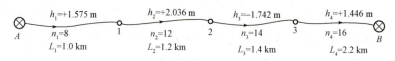

图 4-31　附合水准路线

解: 第一步:填写观测数据和已知数据。

将点号、测段长度、测站数、观测高差及已知水准点 A、B 的高程填入附合水准路线成果计算表(表 4-7)。

表 4-7　水准测量成果计算表

点号	距离/km	测站数	观测高差/m	改正数/mm	改正后高差/m	高程/m	点号	备注
BM_A						65.376	BM_A	
	1.0	8	+1.575	−12	+1.563			
1						66.939	1	
	1.2	12	+2.036	−14	+2.022			
2						68.961	2	
	1.4	14	−1.742	−16	−1.758			
3						67.203	3	
	2.2	16	+1.446	−26	+1.420			
BM_B						68.623	BM_B	
$\sum$	5.8	50	+3.315	−68	+3.247			
辅助计算	$f_h = \sum h - (H_B - H_A) = 3.315 - (68.623 - 65.376) = +0.068(\text{m})$ $f_{h允} = \pm 40\sqrt{L} = \pm 40\sqrt{5.8} = \pm 96(\text{mm})$　　$\lvert f_h \rvert < \lvert f_{h允} \rvert$							

第二步：计算高差闭合差。

$$f_h = \sum h - (H_B - H_A) = 3.315 - (68.623 - 65.376) = +0.068(\text{m}) = +68(\text{mm})$$

根据附合水准路线的测站数及路线长度计算每千米测站数

$$\frac{\sum n}{\sum L} = \frac{50}{5.8} = 8.6 \ (\text{站/km}) < 16 \ \text{站/km}$$

故高差闭合差允许值采用平地公式计算。图根水准测量平地高差闭合差允许值 $f_{h允}$ 的计算公式为

$$f_{h允} = \pm 40\sqrt{L} = \pm 40\sqrt{5.8} = \pm 96(\text{mm})$$

因 $|f_h| < |f_{h允}|$，说明观测成果精度符合要求，可对高差闭合差进行调整。如果 $|f_h| > |f_{h允}|$，说明观测成果不符合要求，必须重新测量。

第三步：调整高差闭合差。

本例中，各测段改正数为

$$v_1 = -\frac{f_h}{\sum L}L_1 = -\frac{68}{5.8} \times 1.0 = -12(\text{mm})$$

$$v_2 = -\frac{f_h}{\sum L}L_2 = -\frac{68}{5.8} \times 1.2 = -14(\text{mm})$$

$$v_3 = -\frac{f_h}{\sum L}L_3 = -\frac{68}{5.8} \times 1.4 = -16(\text{mm})$$

$$v_4 = -\frac{f_h}{\sum L}L_4 = -\frac{68}{5.8} \times 2.2 = -26(\text{mm})$$

计算检核：$\sum v_i = -W_h$，将各测段高差改正数填入表4-7中。

第四步：计算各测段改正后高差。

各测段改正后高差等于各测段观测高差加上相应的改正数，即

$$h_{i改} = h_i + v_i$$

式中 h_i——第 i 段的改正后高差(m)。

本例中，各测段改正后高差为

$$h_{1改} = h_1 + v_1 = +1.575 + (-0.012) = +1.563(\text{m})$$

$$h_{2改} = h_2 + v_2 = +2.036 + (-0.014) = +2.022(\text{m})$$

$$h_{3改} = h_3 + v_3 = -1.742 + (-0.016) = -1.758(\text{m})$$

$$h_{4改} = h_4 + v_4 = +1.446 + (-0.026) = +1.420(\text{m})$$

计算检核：$\sum h_i = H_B - H_A$，将各测段改正后高差填入表4-7中。

第五步：计算待定点高程。

根据已知水准点 A 的高程和各测段改正后高差，即可依次推算出各待定点的高程，即

$$H_1 = H_A + h_{1改} = 65.376 + 1.563 = 66.939(m)$$

$$H_2 = H_1 + h_{2改} = 66.939 + 2.022 = 68.961(m)$$

$$H_3 = H_2 + h_{3改} = 68.961 + (-1.758) = 67.203(m)$$

$$H_{B(推算)} = H_3 + h_{4改} = 67.203 + 1.420 = 68.623(m) = H_{B(已知)}$$

计算检核:最后推算出的 B 点高程应与已知的 B 点高程相等,以此作为计算检核。将推算出各待定点的高程填入表4-7中。

4.5.3 支水准路线内业计算

1. 成果检核

由已知水准点 BM_A 出发,沿各待定点进行水准测量,既不附合到其他水准点上,也没有形成闭合线路,这种水准路线称为支水准路线。支水准路线要进行往返观测,往测高差与返测高差的代数和 $\sum h_{往} + \sum h_{返}$ 理论上应为零,并以此作为支水准路线测量正确性与否的检验条件。如不等于零,则高差闭合差为

$$f_h = \sum h_{往} + \sum h_{返} \tag{4-13}$$

2. 内业计算

对于支水准路线取其往返测高差的平均值作为成果,高差的符号应以往测为准,最后推算出待测点的高程。

【例4-6】 图4-32所示为一支水准路线图根水准测量,A 为已知高程的水准点,其高程 $H_A = 45.276$ m,1 点为待定高程的水准点,往返测量的所观测高差分别为 $h_{往} = +2.532$ m,$h_{返} = -2.520$ m。n_w 和 n_f 为往、返测的测站数,共16站,则1点的高程计算如下。

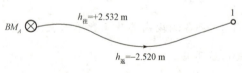

图4-32 支线水准路线

解:第一步:计算高差闭合 $f_h = h_w + h_f = +2.532 + (-2.520) = +0.012(m) = +12(mm)$

第二步:高差改正。

(1)计算高差允许闭合差。

测站数:
$$n = \frac{1}{2}(n_w + n_f) = \frac{1}{2} \times 16 = 8(站)$$

$$f_{h允} = \pm 12\sqrt{n} = \pm 12\sqrt{8} = \pm 34(mm)$$

因 $|f_h| < |f_{h允}|$,说明符合图根水准测量的要求。

(2)计算改正后高差。取往测和返测的高差绝对值的平均值作为 A 和1两点间的高差,其符号和往测高差符号相同,即 $h_{A1} = \dfrac{2.532 + 2.520}{2} = +2.526(m)$。

第三步:计算待定点高程 $H_1 = H_A + h_{A1} = 45.276 + 2.526 = 47.802$（m）

典型案例

如图 4-33 所示,以附合水准路线为例,已知水准点 A、B 和待定点 1、2、3 将整个路线分为四个测段,根据已知条件计算待定点 1、2、3 点的高程。测定的数据计入表 4-8 中。

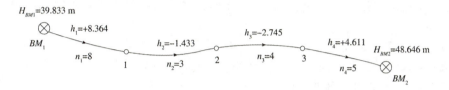

案例解答

图 4-33　附合水准路线

表 4-8　水准测量成果计算表

测段号	点名	测站数	观测高差/m	改正数/m	改正后高差/m	高程/m	备注
1	BM_1	8	+8.364			39.833	
	1						
2		3	−1.433				
	2						
3		4	−2.745				
	3						
4		5	+4.661				
	BM_2					48.646	
$\sum$		20	+8.847				
辅助计算	$f_h =$		$f_{h容} =$				

思考与练习

一、填空题

1. 高程控制测量的方法主要有_____和_____。

2. 在水准仪上,视准轴是_____和_____的连线。

3. 水准路线的布设形式有_____、_____、_____。

4. 水准测量时对某一水准尺进行观测的基本步骤:粗平、_____、_____和_____。

二、单项选择题

1. 在水准测量中,设 A 为后视点,B 为前视点,并测得后视点读数为 1.124 m,前视读数为 1.428 m,则 B 点比 A 点(   )。

    A. 高　　　　　　　B. 低　　　　　　　C. 等高　　　　　　　D. 无法判断

2. 某附合水准测量路线,已知水准点 A、B 高程 $H_A = 18.552$ m,$H_B = 25.436$ m。实测高差总和为 6.870 m,则该水准路线的高差闭合差为(   )mm。

    A. 14　　　　　　　B. −14　　　　　　　C. 12　　　　　　　D. −12

3. 在水准测量中,A、B 分别为前、后视点,后视读数为 1.235 m,前视读数为 1.450 m,则 $h_{BA} = ($ $)$m。

    A. −0.215　　　　　B. 0.215　　　　　　C. 0.140　　　　　　D. −0.140

4. 在水准测量中,A、B 分别为后、前视点,$H_A = 25.000$ m,后视读数为 1.426 m,前视读数为 1.150 m,则仪器的视线高程为(   )m。

    A. 24.724　　　　　B. 26.150　　　　　　C. 25.276　　　　　　D. 26.426

三、计算题

如图 4-34 所示为某闭合水准路线水准测量观测成果,试按表 4-9 进行成果处理,并计算各待求点的高程。

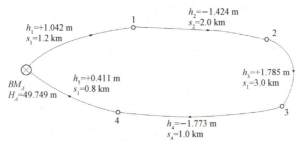

图 4-34　闭合水准路线水准测量观测成果

表 4-9　水准测量成果调整表

测点	测段长/km	高差值			高程/m	备注
		观测值/m	改正数/mm	调整值/m		
					49.749	
					49.749	
Σ						

高差闭合差 $f_h = $　　　　　　　容许闭合差 $f_{h容} = \pm 40\sqrt{L} = $

项目 5

GNSS 测量技术

知识要点	能力要求	权重
认识 GNSS （全球导航卫星系统）技术	了解 GNSS 技术的发展及其在地面点位测量中的应用	15%
GNSS 技术原理和定位方法	了解 GNSS 的基本概念、原理和系统组成；熟悉 GNSS 定位方法分类中绝对定位和相对定位、静态定位和动态定位的概念及用途；掌握实时动态差分定位的方法（位置差分、伪距差分、载波相位实时动态差分）	20%
GNSS 布网形式与技术要求	了解 GNSS 网形设计；掌握两台接收机同步观测的测量与布网方法；熟悉 GNSS 测量的观测要求和精度指标	25%
GNSS RTK 外业观测工作	掌握 GNSS RTK 系统的组成；掌握 RTK 仪器及手持设备的作用和使用方法；掌握 GNSS 测量的工作程序和步骤	30%
网络 RTK 系统	了解 CORS 系统的组成、技术分类和优点；了解 CORS 测量的基本操作方法	10%

项目描述

　　RTK（Real Time Kinematic，实时动态）载波相位动态实时差分技术作为全球导航卫星系统（GNSS）应用的一个里程碑，能够在野外实时测得厘米级定位精度的地面点位坐标，其被广泛应用在控制测量、地形测量、工程测量等领域，极大地提高了测量作业的效率。

　　测量人员使用 GNSS RTK 接收机进行定位测量，需要熟悉 GNSS 测量的观测要求和精度指标，掌握 GNSS 测量的工作程序和步骤，并依据项目要求开展测量实施工作。

具备 GNSS 技术原理、组成和方法的知识,熟悉 GNSS 测量工作的技术要求,掌握 RTK 仪器及手持设备的作用和使用方法,能够使用 GNSS RTK 接收机进行定位测量的外业操作。学习本项目内容后,应该达到以下目标:

(1)了解 GNSS 系统的技术发展和应用;

(2)了解 GNSS 技术的原理和系统组成;

(3)掌握实时动态差分定位的方法;

(4)掌握两台接收机同步观测的测量与布网方法;

(5)熟悉 GNSS 测量的观测要求和精度指标;

(6)掌握 GNSS RTK 系统的组成;

(7)掌握 GNSS 测量的工作程序和步骤,能够使用 RTK 仪器和手持设备进行控制测量与地形测量;

(8)了解 CORS 系统的组成、技术分类和优点;

(9)了解 CORS 测量的基本操作方法。

典型工作任务

认识全球导航卫星系统(GNSS)的创新发展和应用领域;学习 GNSS 的原理、组成和定位方法;认识和使用 GNSS RTK 接收机,进行基准站和流动站设置,完成"控制点"测量和"碎部点"测量。

情境引例

北斗卫星导航系统(以下简称北斗系统)是我国自主建设运行的全球导航卫星系统,是为全球用户提供全天候、全天时、高精度的定位、导航和授时服务的国家重要时空基础设施。北斗系统提供服务以来,已在珠峰测绘、交通运输、通信授时、公共安全等领域得到广泛应用。2020 年 5 月 27 日,中国 2020 珠峰高程测量登山队成功登顶世界第一高峰——珠穆朗玛峰,测量队员在峰顶竖立觇标,安装 GNSS 天线,开展各项峰顶测量工作。此次珠峰高度测量以我国北斗系统数据为主,首先在珠峰地区建立全球导航卫星系统(GNSS)坐标控制网,测量队员分阶段开展高精度 GNSS 网观测,获取 343 个网点的三维坐标,建立了高精度的珠峰高程测量坐标起算基准。其次测量登山队员首次实现了峰顶北斗卫星定位,观测时间超过 40 min,峰顶点与珠峰地区 9 个 GNSS 地面测站组成峰顶 GNSS 联测网,进行 GNSS 同步观测。与此同时,地面测量人员从珠峰脚下的 6 个测站,利用自主研发的长测程测距仪照准峰顶觇标反射棱镜进行交会观测,最长测距接近 19 km,交会观测数据主要为峰顶 GNSS 测量数据提供独立检核。最后对珠峰测量数据处理分析,数据处理结果表明:利用 GNSS 测量数据计算的珠峰大地高与交会测量确定的结果,仅相差 2.6 cm。根据误差理论,GNSS 测量获取的珠峰大地高结果精度达到毫米级,实现了珠峰"顶"的高精度测定。

在 GNSS 测量中,需要厘清 GNSS 测量的基本原理,通过设计 GNSS 网形,利用 GNSS RTK 仪器设备设立基准站,将基准站差分修正信息传输到流动站,按照 GNSS 测量的精度技术要求,根据 GNSS 测量的工作程序和步骤,进行 GNSS RTK 外业观测工作,实现控制点和碎部点高精度测量。

5.1　认识 GNSS(全球导航卫星系统)技术

GNSS(Global Navigation Satellite System)泛指全球导航卫星系统,从本质上说,GNSS 是一个全球性位置与时间的测定系统,包括诸多卫星星座、接收机与监测系统。也就是说,它是由多个卫星导航定位及其增强型系统所组成的大系统(图 5-1)。从功能上说,GNSS 是以人造卫星作为"航向标"的无线电导航系统,为全球陆、海、空、天的各类载体提供全天候、高精度的定位、导航和时间信息(Positioning, Navigation and Timing, PNT),它又称为天基定位、导航和授时系统。

图 5-1　全球导航卫星系统示意

GNSS 包括全球型、区域型和增强型导航系统。目前,影响力最为广泛的 GNSS 主要包含美国的 GPS、俄罗斯的 GLONASS、欧盟的 GALILEO 和中国的 BDS(北斗),可用的卫星总数在 100 颗以上。2012 年 10 月 25 日,我国成功发射了第 16 颗北斗导航卫星,标志着北斗系统正式为亚太区域提供全面稳定的导航服务。2020 年,北斗导航系统进一步实现了覆盖全球的服务能力。利用 GNSS 采集空间点位信息是现代最重要的定位技术,它在测绘工程中得到广泛应用,提升了测绘工作的精度。

5.1.1　GPS 卫星导航系统

GPS(Global Positioning System)始建于 1973 年,1994 年投入运营,该系统的 24 颗卫星均匀分布在 6 个相对于赤道的倾角为 55°的近似圆形轨道上,每个轨道上有 4 颗卫星运行,它们距离地球表面的平均高度为 20 181 km,运行速度为 3 800 m/s,运行周期为 11 小时 58 分

02 秒。每颗卫星可覆盖全球 38％的面积,卫星的分布可保证在地球上任意地点、任何时刻、在高度角 15°以上的天空能同时观测到 4 颗以上卫星,如图 5-2 所示,能够为全球用户提供低成本、高精度的三维位置、速度和精确定时等导航信息。

GPS 技术对地面点位确定具有广泛的应用场景。GPS 测量无须通视,有效减少了常规测量方法的中间环节,通过形成较强的网形来提高点位的精度,具有测量速度快、精度高的特点。

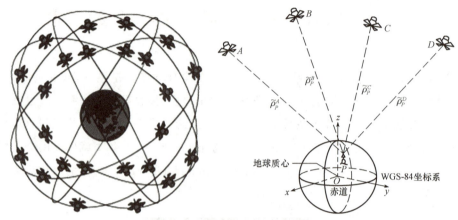

图 5-2　GPS 卫星星座与绝对定位原理

5.1.2　GLONASS 导航卫星系统

格洛纳斯导航卫星系统是俄文"GLObalnaya NAvigatsionnaya Sputnikovaya Sistema"的缩写。GLONASS 始建于 1976 年,2004 年投入运营,设计使用的 24 颗卫星均匀分布在 3 个相对于赤道的倾角为 64.8°的近似圆形轨道上,每个轨道上有 8 颗卫星运行,它们距离地球表面的平均高度为 19 061 km,运行周期为 11 小时 16 分,于 2011 年 1 月 1 日在全球正式运行。

格洛纳斯系统标准配置为 24 颗卫星,其中 18 颗卫星就能够保证该系统为俄罗斯境内用户提供全部服务。该系统卫星包括"格洛纳斯""格洛纳斯－M""格洛纳斯－K"等类型,后者使用寿命更长,卫星在轨工作时间可达 10～12 年。与 GPS 系统相同,GLONASS 系统的主要用途是导航定位,也广泛应用于各种等级与种类的测量应用、GIS 应用和时频应用等。

5.1.3　GALILEO 卫星导航系统

伽利略卫星导航系统(Galileo Satellite Navigation System,GALILEO)是世界上第一个主要基于民用的高精度卫星定位系统,由欧洲委员会和欧空局(ESA)共同负责,面向全球用户提供定位、导航与授时服务。GALILEO 与 GPS 采取既合作又竞争的策略,采用与 GPS 兼容的方式工作。GALILEO 系统由 3 个轨道上的 30 颗中等高度轨道卫星(其中 24 颗为工作星,6 颗为备份星)构成,轨道高度为 23 616 km,轨道倾角为 56°,轨道升交点在赤道上相隔 120°,卫星运行周期为 14 小时 4 分。当某颗工作星失效后,备份星将迅速进入工作位置替代其工作,失效星将被转移到高于正常轨道 300 km 的轨道上,为全球提供足够的覆盖范围。

GALILEO 系统按不同用户层次可分为免费服务和有偿服务两种级别,定义了以下 5 种类型的服务:

(1)开放服务:向民用用户开放的免费业务;

(2)商业服务:为商业应用提供实施控制接入的有偿服务;

(3)公共管理服务:为公共管理安全和军事应用提供实施控制接入的有偿服务;

(4)生命安全服务:确保飞机、车辆运行安全的服务;

(5)搜索和救援服务:失踪目标搜索和相应救助的有偿服务。

5.1.4　北斗卫星导航系统

北斗卫星导航系统(BeiDou Navigation Satellite System,BDS)是我国自主研制的全球卫星导航系统,北斗卫星导航系统(BDS)和美国 GPS、俄罗斯 GLONASS、欧盟 GALILEO,是联合国卫星导航委员会已认定的供应商,大大提高了我国独立自主的导航能力。北斗系统建设先后经历了北斗一号系统、北斗二号系统、北斗三号系统三个阶段。2007 年 4 月 14 日,我国成功发射了第一颗北斗卫星,标志着世界上第四个 GNSS 进入实质性的运作阶段。至 2020 年,北斗系统完成第 55 颗导航卫星的发射(北斗三号最后一颗全球组网卫星),能够为全球用户提供基本导航(定位、测速、授时)、全球短报文通信、国际搜救等定位服务,另外,还面向中国及周边地区用户提供星基增强、精密单点定位等服务。

与 GPS、GLONASS 等卫星导航系统相比,北斗卫星导航系统具有三个特点。一是北斗系统空间段采用 GEO 卫星、IGSO 卫星和 MEO 卫星三种轨道卫星组成的混合导航星座,卫星高度为 $(2.13\sim2.15)\times10^4$ km,高轨卫星相对更多,抗遮挡能力强,在低纬度地区抗遮挡性能的优势更为突出。二是北斗系统提供多个频点的导航信号,能够通过多频信号组合使用的方式,提高定位服务的精度;北斗系统将标准时钟安装在中心站,将定时信号通过卫星传送给用户,比 GPS 装于卫星上的标准时钟更能保持稳定度和准确度。三是除导航外,北斗系统还融合了通信的能力,具备实时导航、快速定位、精确授时、位置报告和短报文通信服务等多项功能。

5.2　GNSS 技术原理和定位方法

GNSS 技术利用在空间飞行的卫星不断向地面广播发送某种频率(这些频率加载了某些特殊定位信息的无线电信号)来实现对空间点位的定位测量。GNSS 一般包含三个组成部分:第一部分是空间运行的卫星星座,由多个卫星组成的星座系统向地面发送特定的时间信号、测距信号和卫星瞬时的坐标位置信号;第二部分是地面控制台,它通过接收上述特定信号来精确地测定卫星的轨道坐标、时钟差异,监测卫星运转是否正常,并向卫星注入新的卫星轨道坐标,进行必要的卫星轨道纠正和调整控制等;第三部分是用户部分,通过用户的卫星信号接收机接收卫星广播发送的多种信号并进行处理计算,用户接收机需要固定连接于地面的某一确定目标（或特定的运载工具），以此来确定用户的最终位置。卫星不间断地发送自身的星历参数和时间信息，用户接收到这些信息后，经过计算求出接收机的三维位置、三维方向及运动速度和时间信息，即"定位"。

5.2.1　GNSS 定位原理

1. 基本定位原理方程

为实现三维坐标的定位，测定地面某点 P 在坐标系中的三维坐标，需要获取三个卫星至测站（P 点）的距离。卫星到测站之间的距离，可以通过卫星发射的测距码获得，常称为伪距观测量；也可以通过加载测距码和导航信息的载波的相位数测量获得，常称为载波相位观测量。

（1）已知数据信号：卫星坐标三维向量 r^j，由广播星历提供轨道参数后计算出卫星在地球三维坐标系中的向量形式为 $r^j=(x^j,y^j,z^j)$。

（2）观测数据信号：卫星至测站距离 ρ_i^j，其向量形式为 $e_i^j\rho_i^j$，e 是 ρ 的方向单位向量（方位余弦）。

（3）待求数据（测站在地球上的三维位置向量）：$R_i=(X_i,Y_i,Z_i)$

向量方程：
$$R_i=r^j-e_i^j\rho_i^j \tag{5-1}$$

式中可见，R_i 中有三个未知数，但卫星至测站距离 ρ_i^j 只一个观测量，不能解出三个未知数 (X_i,Y_i,Z_i)，从原理上说至少应有三个不同卫星的 ρ_i^j 才能解算出式（5-1）中的三个未知数（图 5-3）。

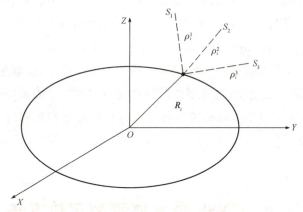

图 5-3　全球卫星导航定位的基本原理

观测 ρ_i^1、ρ_i^2、ρ_i^3，求 $R_i=(X_i,Y_i,Z_i)$。
$$\rho_i^j=\parallel r^j-R_i\parallel \tag{5-2}$$
式中，$\parallel\cdot\parallel$ 表示待求向量的模，即长度。即
$$\rho_i^j=\sqrt{(x^j-x_i)^2+(y^j-y_i)^2+(z^j-z_i)^2}\quad(j=1,2,3,4) \tag{5-3}$$
$GNSS$ 采用空间测距交会的原理进行定位（图 5-4，三边测量）。在二维平面，一个固定点用已知的半径确定一个圆，两个固定点用已知的半径确定两个点，三个固定点可以确定一个点。这个原理映射到三维空间，即三个球面相交成一个点，通过获得三个距离段来确定地面

点的空间位置(交点的纬度、经度和高程点)。

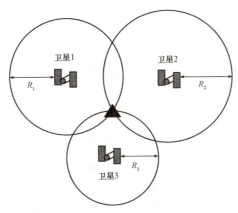

图 5-4　空间测距交会原理

2. 伪距观测值 ρ_i^j(卫星至测站距离)的特性

实际上,卫地(几何)距离无法直接观测,它是通过信号的传播时间差 Δt(Δt 是接收机处测得的信号达到的时间 T_R 与卫星处测得的信号发射时间 T_S 之间的差值)乘以信号的传播速度 v(信号的传播速度 v 接近于真空中的光速)而得到的。在测距时,接收机通过接收卫星的广播星历可以解算出在特定坐标系中的三维坐标。以 *GPS* 为例,*GPS* 使用单程测距的方式,即接收机接收到的测距信号不再返回卫星,而是在接收机中直接解算传播时间 Δt 并计算出卫星至接收机的距离,这就要求卫星和接收机的时钟应严格同步,卫星在严格同步的时钟控制下发射测距信号。事实上,卫星钟与接收机钟不可能严格同步,会产生钟误差(图 5-5)。卫星广播星历中包含卫星钟差,它是已知的,而接收机钟差是未知数,需要通过观测方程解算。另外,式(5-3)中的距离也没有顾及大气电离层和对流层折射误差的影响。

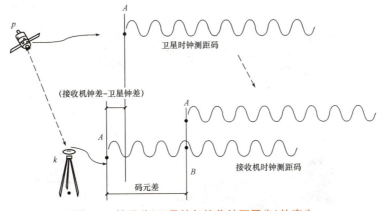

图 5-5　钟误差(卫星钟与接收钟不同步)的产生

因此,卫地(几何)距离的观测包含了卫星和接收机钟误差及时间延迟误差,称为伪距观测值 ρ_i^j,可由式(5-4)表达:

$$\rho_i^j = c(T_R' - T_S') = c\big[(T_S + T_{R_i} + T_{A_i} + \Delta T_u) - (T_S + \Delta T_{s_i})\big] \tag{5-4}$$

式中　c——光速；

　　　T_R'——接收机收到信号时的钟面读数；

　　　T_S'——卫星在该信号发射时的钟面读数；

　　　T_S——卫星信号发射时刻的 GPS 正确时间；

　　　T_{R_i}——信号在真空中运行时间 $\dfrac{R}{c}$，R 为真空几何距离；

　　　T_{A_i}——由于空气中的电离层、对流层介质而产生的延迟时间；

　　　ΔT_u——用户接收机钟与 GPS 确定时间的偏差；

　　　ΔT_{s_i}——卫星钟与 GPS 正确时间的偏差。

对式（5-4）进行整理，可得到式（5-5），在卫星钟差已知的前提下，伪距观测值 ρ_i^j 为真空几何距离与电离层延迟、对流层延迟、未知的卫星接收机钟差延迟的总和。

$$\rho_i^j = \sqrt{(x^j - x_i)^2 + (y^j - y_i)^2 + (z^j - z_i)^2} + c(\Delta T_u - \Delta T_s^j) + cT_{A_i} \quad (j = 1,2,3,4) \tag{5-5}$$

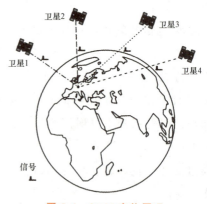

T_{A_i} 可以通过信号传播的电离层对流层的理论预先确定，ΔT_u 可由广播星历的计算确定，即式（5-5）中共有 x_i、y_i、z_i、ΔT_s^j 四个未知数。为解算这四个待定参数，应同时锁定 4 颗卫星进行，即至少需要观测 4 颗卫星至地面点的卫地距离数据来解算地面点的三维坐标（图 5-6）。

图 5-6　GNSS 定位原理

5.2.2　GNSS 系统组成

GNSS 由空间部分、地面控制部分和用户部分组成（图 5-7）。

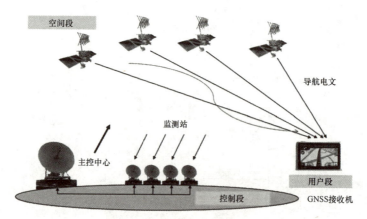

图 5-7　GNSS 的三个组成部分

1. 空间部分

空间部分主要指的是卫星。不同的卫星导航系统,其空间部分的组成互不相同。以 GPS 为例,GPS 的空间部分由 24 颗卫星共同组成,其中包括 21 颗工作卫星和 3 颗备用卫星。这些卫星均匀分布在 6 个轨道面上(每个轨道面 4 颗),轨道倾角为 55°,位于距离地表 20 200 km 的地球上空,绕地球进行圆周运动,运行周期为 12 小时。卫星的分布使得在全球任何地方、任何时间都可以观测到 4 颗以上的卫星,并能够在卫星中预存导航信息。随着时间的推移,由于大气摩擦等因素,卫星导航的精度会逐渐降低。目前,GPS 主要采用的是其二代卫星,至 2020 年,GPS 系统在轨卫星 31 颗(其中包括 3 颗三代卫星的更新,寿命 15 年),最新一代卫星可提供精确定位、导航和授时功能,其精度、抗干扰能力大幅提高。

与 GPS 不同,BDS(北斗)的空间部分是由若干地球静止轨道卫星、倾斜地球同步轨道卫星和中圆地球轨道卫星组成的。截至 2022 年 8 月,北斗卫星导航系统构建了稳定可靠的星间链路,北斗三号全球卫星导航系统的在轨运行服务卫星共 45 颗,包括 15 颗北斗二号卫星和 30 颗北斗三号卫星(北斗一号系统已退役,北斗二号系统 15 颗卫星连续稳定运行),全球范围水平定位精度约为 1.52 m,垂直定位精度约为 2.64 m;测速精度优于 0.1 m/s,授时精度优于 20 ns。

☑ 知识拓展

北斗与 GPS 的区别见表 5-1。

表 5-1　北斗与 GPS 的区别

指标	北斗定位系统	GPS 定位系统
覆盖范围	全球的全天候定位系统	全球的全天候定位系统
卫星数量	共 45 颗,包括 15 颗北斗二号卫星和 30 颗北斗三号卫星,分布于中国地球轨道(MEO)、倾斜地球同步轨道(IGSO)和地球静止轨道(GEO)三种轨道	GPS 的空间部分是由 24 颗工作卫星组成,均匀分布于 MEO 的 6 个轨道面上,轨道倾角为 55°。另外,还有 4 颗有源备份卫星在轨运行
轨道高度	北斗定位系统卫星运行在更高的轨道上。根据圆周公式可知,轨道越高,周长越长,所需要的卫星数量也就越多	空间轨道资源采用先占先得,美国 GPS 定位系统因建设较早,占据大部分"地理位置"最优的近地卫星轨道
地面站	北斗并未在全球范围建立地面站,通过空间段、地面段和用户段三部分的协同工作与"星间链路"技术可在全球范围内全天候、全天时为各类用户提供高精度、高可靠地定位、导航及授时服务	GPS 地面监控部分主要由分布全球的 6 个地面站构成,其中包括卫星监测站、主控站、备用主控站和信息注入站,分别位于科罗拉多、南大西洋的阿松森群岛、印度洋的迪戈加西亚,以及南太平洋的卡瓦加兰、夏威夷和卡纳维拉尔角

指标	北斗定位系统	GPS定位系统
定位精准度	北斗三号卫星导航系统提供两种服务方式,即开放服务和授权服务。开放服务是在服务区中免费提供定位、测速和授时服务,定位精度为10 m,授时精度为10~20 ns,测速精度为0.2 m/s;授权服务是向授权用户提供更安全的定位、测速、授时和通信服务	民用定位精度为10 m左右;授时精度为20~40 ns;测速精度为0.01 m/s左右

2. 地面控制部分

在GNSS接收机接收到的卫星广播星历中,包含有描述卫星运动及其轨道的参数,每颗卫星的广播星历是由地面监控系统提供的。地面控制部分主要包括监测站、主控站和注入站三个部分,主要用于跟踪、监测、接收和传输一些数据与命令。监测站的主要功能是当卫星运行至监测站上空时,收集数据(载波和伪距)并传送给控制站。主控站的主要功能在于处理计算卫星位置的监测站数据并生成定位数据,对卫星进行管理(将运行、退役、维修的卫星分开管理)并确保卫星位置。注入站主要用于向卫星传输主控站的指令,上传卫星的处理程序。除主控站外,整个地面监控系统均为无人值守。

(1)监测站。监测站是在主控站直接控制下的数据自动采集中心,站内设有GNSS接收机、高精度原子钟、气象参数测试仪和计算机等设备。其任务是完成对卫星信号的连续观测,收集当地的气象数据,将观测数据经计算机处理后传送给主控站。

(2)主控站。主控站除协调和管理所有地面监控系统的工作外,还包括下列工作:

1)根据本站和其他监测站的观测数据,推算编制各卫星的星历、卫星钟差和大气层的修正参数,并将这些数据传送到注入站;

2)各监测站和卫星的原子钟均应与主控站的原子钟同步,或测量出其间的钟差,并将这些钟差信息编入导航电文,送到注入站并调整偏离轨道的卫星,使之沿预定的轨道运行;

3)调整偏离轨道的卫星,使之沿预定的轨道运行;

4)启动备用卫星,以替换失效的工作卫星。

(3)注入站。注入站是在主控站的控制下,将主控站推算和编制的卫星星历、钟差、导航电文和其他控制指令等,注入相应卫星的存储器,监测注入信息的正确性。

3. 用户部分

用户设备包括GNSS接收机和相应的数据处理软件。其包括专业接收机、智能手机、智能手表等能够接收到GNSS信号的设备及处理软件。GNSS接收机由接收天线、主机和电源组成。其任务是捕获卫星信号,跟踪并锁定卫星信号,对接收到的信号进行处理,测量出测距信号从卫星传播到接收机天线的时间间隔,译出卫星广播的导航电文,实时计算接收机天线的三维坐标、速度和时间。

随着电子技术的发展,接收机已高度集成化和智能化,实现了接收天线、主机和电源的一体化,能自动捕获卫星并采集数据。以 GPS 为例,按用途的不同,GPS 接收机可分为导航型、测地型和授时型;按使用载波频率的不同,可分为单频接收机(用 1 个载波频率)和双频接收机(用 2 个载波频率 L_1、L_2)等。图 5-8 所示为测地型双频双星一体化接收机,既可作为基准站,也可作为流动站使用。

图 5-8　测地型双频双星一体化接收机

5.2.3　GNSS 定位方法

GNSS 定位方法根据待定点位的运动状态,可分为静态定位和动态定位;根据定位模式的不同,可分为绝对定位和相对定位。

1. 静态定位和动态定位

(1)静态定位。静态定位是待定点相对于周围固定点无相对运动的定位方法,认为 GNSS 接收机的天线在整个观测过程中的位置是保持不变的。静态定位一般用于高精度的测量定位,其具体观测模式是多台接收机在不同的测站上进行静止同步观测,时间由几分钟、几小时甚至数十小时不等。它通过大量的重复观测,高精度地测定卫星信号的传播时间,根据已知卫星的瞬间位置,确定接收机的三维坐标。静态定位多余观测量大、可靠性强、定位精度高,是测量工程中精密定位的基本方法。

(2)动态定位。在进行 GNSS 定位时,动态定位认为接收机的天线在整个观测过程中的位置是变化的。动态定位是待定点相对于周围固定点显著运动(相对于地球运动)的定位方法,如以车辆、舰船、飞机和航天器等为载体,实时测定 GNSS 信号接收机的瞬间位置。

动态定位发展速度最快,应用较广。实时动态(RTK)测量技术是 GNSS 测量技术与数据传输技术相结合的一种新的定位方法。通过在基准站上安置一台 GNSS 接收机,对所有可见卫星进行连续观测,并将观测数据通过无线电传输设备,实时发送给动态用户观测站,从而实时、高精度地解算用户站的三维坐标。从动态定位的精度来看,可分为 20 m 左右的低精度、5 m 左右的中等精度和 0.5 m 左右的高精度定位。

2. 绝对定位和相对定位

(1)绝对定位。绝对定位也称为单点定位,即在一个待定点上,使用一台接收机独立跟踪系统卫星,测定待定点(天线)的绝对坐标。绝对定位的优点是作业方式简单,可以实现单机作业。绝对定位采用伪距观测量,一般用于导航和精度要求不高的应用,如船舶、飞机、勘探、海洋作业等概略导航定位。

(2)相对定位。相对定位也称为差分定位,采用两台或两台以上的接收机,同步跟踪相同的卫星信号,确定接收机天线间的相对位置(三维坐标或基线向量)。只要给出一个测点的坐标值,其余各测点的坐标即可求得。由于各台接收机同步观测相同卫星,这样卫星钟的钟误差、卫星星历误差、大气延迟误差基本相同,解算各测点坐标时可有效消除或大幅度削弱,从而提高定位的精度。相对定位一般采用载波相位测量,相对精度达±5 mm,一般在大地测量、精密工程测量等领域具有广泛应用。

3. 实时动态差分定位

实时动态(Real Time Kinematic,RTK)差分定位是在已知坐标点或任意未知点上安置1台 GNSS 接收机(称为基准站),利用已知坐标和卫星星历计算出观测值的校正值,并通过无线电通信设备(称为数据链)将校正值发送给运动中的 GNSS 接收机(称为移动站),移动站应用接收到的校正值对自身的观测值进行改正,以消除卫星钟差、接收机钟差、大气电离层和对流层折射误差的影响。实时动态差分定位需要使用带实时动态差分功能的 RTK 接收机才能够进行。实时动态差分定位方法主要有以下三种:

(1)位置差分。将基准站上 GNSS 接收机单点定位得到的坐标值,与已知坐标值求差作为差分修正值,要求基准站接收机收到的卫星与流动站接收机接收的卫星完全一致。

(2)伪距差分。利用基准站已知坐标值和卫星星历求得的伪距值,与 GNSS 接收机测得的伪距值求差作为差分修正值。由于伪距差分修正值是分别对每颗卫星进行修正,因此,基准站与流动站接收机接收的卫星不完全一致也可以进行差分修正,需要至少4颗相同的卫星,定位精度取决于差分卫星个数和卫星空中分布状况。

(3)载波相位实时动态差分。将载波相位观测值(或星间相位差)通过数据链传送到流动站,然后由流动站(GNSS 接收机)进行载波相位定位。位置差分、伪距差分两种差分法都是使用伪距定位原理进行观测的,而载波相位实时动态差分是使用载波相位定位原理进行观测。载波相位实时动态差分由于要解算整周模糊度,要求基准站与移动站同步接收相同的卫星信号,且两者相距一般应小于 30 km,载波相位差分伪距观测值的精度高于伪距定位法观测的伪距值,使其定位精度得到大幅提高,可达厘米级的定位精度。

5.3   GNSS 布网形式与技术要求

5.3.1   网形布设形式

与传统三角测量、导线控制测量的方法不同,使用 GNSS 接收机设站观测时,不要求各站点之间相互通视。在网形设计时,根据控制网的用途、GNSS 接收机的台数,可以分为两台接收机同步观测、多台接收机同步观测和多台接收机异步观测3种方案。

本节简要介绍两台接收机同步观测的测量与布网方法。

1. 静态定位

将两台接收机分别轮流安置在每条基线的端点,同步观测4颗卫星1 h左右,或同步观测5颗卫星约 20 min[图 5-9(a)]。静态定位一般用于精度要求较高的控制网布设测量,如桥梁控制网或隧道控制网。

2. 快速静态定位

在测区中部选择一个测点作为基准站并安置一台接收机连续跟踪观测 5 颗以上卫星，另一台接收机依次到其余各点流动设站观测（不需要保持对所测卫星连续跟踪），每点观测 1～2 min [图 5-9(b)]。快速静态定位一般用于控制网加密和一般工程测量。控制点点位应选在天空视野开阔、交通便利，远离高压线、变电所及微波辐射干扰源的地点。

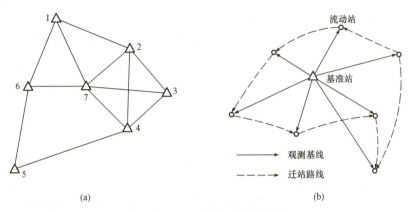

图 5-9 GNSS 静态定位网形设计
(a)静态定位；(b)快速静态定位

3. 坐标转换

为了计算出测区内 WCS－84 坐标系与测区坐标系的坐标转换参数，要求至少有 3 个及 3 个以上的 GNSS 控制网点与测区坐标系的已知控制网点重合。坐标转换计算通常由 GNSS 附带的数据软件自动完成。

📝 *知识拓展*

GPS 控制网设计规范

(1)GPS 控制网的布设应根据公路等级、沿线地形地物、作业时卫星状况、精度要求等因素进行综合设计，并编制技术设计书（或大纲）。

(2)GPS 的 WGS－84 大地坐标系统转换到所选平面坐标系时，应使测区内投影长度变形值不大于 2.5 cm/km。

(3)GPS 控制网采用公路抵偿坐标系进行坐标转换时，应确定以下技术参数：参考椭球及其相应的基本参数、中央子午线经度值、纵横坐标的加常数值、投影面正常高、测区平均高程异常值、起算点坐标及起算方位角。

(4)公路路线过长时，可视需要将其分为多个投影带。在各分带交界附近应布设一对相互通视的 GPS 点。

(5)同一公路工程项目中的特殊构造物的测量控制网应通过该项目测量控制网一次完成设计、施测与平差。

(6)当 GPS 控制网作为公路首级控制网,且需采用其他测量方法进行加密时,应每隔 5 km 设置一些相互通视的 GPS 点。当 GPS 手机控制网直接作为时空控制网时,每个 GPS 点至少应与一个相邻点通视。

(7)设计 GPS 控制网时,应由一个或若干个独立观测环构成,并包含较多的闭合条件。

(8)GPS 控制网由非同步 GPS 观测边构成多边形闭合环或附合路线时,其边数应符合下列规定:一级 GPS 控制网应不超过 5 条;二级 GPS 控制网应不超过 6 条;三级 GPS 控制网宜不超过 7 条;四级 GPS 控制网宜不超过 8 条。

(9)一、二级 GPS 控制网应采用网连式、边连式布网;三、四级 GPS 控制网宜采用铰链导线式或点连式布网。GPS 控制网中不应出现自由基线。

(10)GPS 控制网应同附近等级高的国家平面控制网点联测,联测点数应不少于 3 个,并力求分布均匀,且能控制本控制网。当 GPS 控制网较长时,应增加联测点的数量;当路线附近具有等级高的 GPS 点时,应予以联测。

(11)GPS 点需要进行高程联测时,可采用使 GPS 点与水准点重合,或 GPS 点与水准点联测的方法。平原、微丘地形联测点的数量不宜少于 6 个,必须大于 3 个;联测点的间距不宜大于 20 km,且应均匀分布。重丘、山岭地形联测点的数量不宜少于 10 个。各级 GPS 控制网的高程联测应不低于四等水准测量的精度要求。

5.3.2 技术要求

1. 精度指标

GNSS 测量控制网一般是使用载波相位静态相对定位法,使用两台或两台以上的接收机同时对一组卫星进行同步观测。根据《工程测量标准》(GB 50026—2020)规定,各等级卫星定位测量控制网的主要技术指标应符合表 5-2 的规定。

表 5-2　卫星定位测量控制网的主要技术要求

等级	平均边长/km	固定误差 A/mm	比例误差系数 B/(mm·km^{-1})	约束点间的边长相对中误差	约束平差后最弱边相对中误差
二等	9	≤10	≤2	≤1/250 000	≤1/120 000
三等	4.5	≤10	≤5	≤1/150 000	≤1/70 000
四等	2	≤10	≤10	≤1/100 000	≤1/40 000
一级	1	≤10	≤20	≤1/40 000	≤1/20 000
二级	0.5	≤10	≤40	≤1/20 000	≤1/10 000

2. 观测要求

同步观测时,测站从开始接收卫星信号到停止数据记录的时段称为观测时段;卫星与接收机天线的连线相对水平面的夹角称为卫星高度角,卫星高度角太小时不能观测;反映一组卫星与测站所构成的几何图形形状与定位精度关系的数值称为点位几何图形强度因子(Position Dilution of Precision,PDOP),其值与观测卫星高度角的大小及观测卫星在空间的几何分布有关。如图 5-10 所示,观测卫星高度角越小,分布范围越大,其 PDOP 值越小。综合其他因素的影响,当卫星高度角设置为≥15°时,点位的 PDOP 值不宜大于 6。GNSS 接收机锁定一组卫星后,将自动显示锁定卫星数及其 PDOP 值。

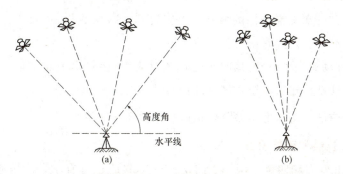

图 5-10　卫星高度角与点位几何图形强度因子 PDOP

(a)PDOP 较小,图形强度好;(b)PDOP 较大,图形强度差

　　根据《工程测量标准》(GB 50026—2020)规定,各等级卫星定位控制测量任务的基本技术要求应符合表 5-3 的规定。

表 5-3　GNSS 控制测量任务的基本技术要求

等级		二等	三等	四等	一级	二级
接收机类型		多频	多频或双频	多频或双频	多频或单频	多频或单频
仪器标称精度		3 mm+1×10^{-6}	5 mm+2×10^{-6}	5 mm+2×10^{-6}	10 mm+5×10^{-6}	10 mm+5×10^{-6}
观测量		载波相位	载波相位	载波相位	载波相位	载波相位
卫星高度角/(°)	静态	≥15	≥15	≥15	≥15	≥15
有效观测卫星数		≥5	≥5	≥4	≥4	≥4
有效观测时段长度/min		≥30	≥20	≥15	≥10	≥10
数据采样间隔/s		10~30	10~30	10~30	5~15	5~15
PDOP		≤6	≤6	≤6	≤8	≤8

5.4 GNSS RTK 外业观测工作

5.4.1 RTK 系统组成

1. 实时动态差分定位系统的组成

（1）基准站。在已知三维坐标的测站点上安置 GNSS 接收机，接收卫星定位信息，并实时提供差分修正信息。

（2）流动站（移动站）。GNSS 接收机随待测点流动，接收卫星定位信息，并实时接收基准站传输来的修正信息进行实时定位。

（3）无线电通信链。将基准站差分修正信息传输到流动站。

视频：RTK
系统组成

2. 认识 RTK 仪器和手持设备

以中纬 Zenith20 双频四星为例。中纬 Zenith20 接收机具有 120 信号通道，能同时接收 GPS 与 GLONASS 卫星信号，并预留北斗与 GALILEO 星信号通道，其标准配置为两台 Zenith20 接收机加一个 PS236 手簿，接收机防尘防水级别为 IP67。仪器及手持控制器的各部件及按键的名称、作用如图 5-11、图 5-12 所示。

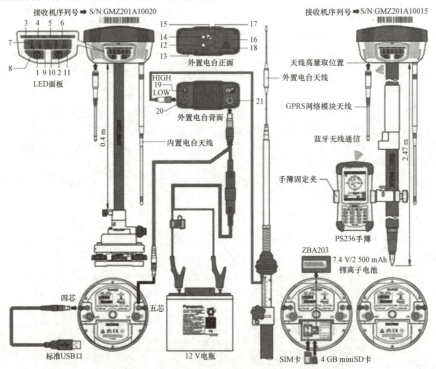

图 5-11 中纬 Zenith20 GNSS RTK 接收机

1—电源开/关键；2—功能键；3—记录灯；4—静态灯；5—PTK 基准站灯；6—PTK 移动站灯；7—卫星灯；8—数传电台灯；9—GPRS 灯；10—蓝牙灯；11—接收机电源灯；12—电台开/关键；13—电台电源灯；14—频道变换键；15—频道显示窗；16—功率指示灯；17—发射数据灯；18—接收数据灯；19—发射功率切换开关；20—天线接口；21—电源与数据接口

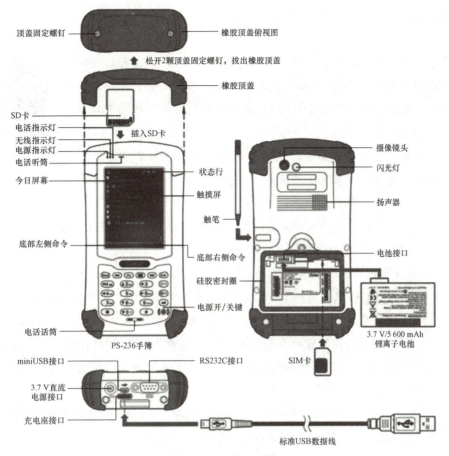

图 5-12　PS236 手簿

进行 RTK 测量模式任务时,应将一台接收机设置为基准站,另一台接收机设置为移动站。基准站与移动站的数传电台模块内置于主机,基准站按设置的电台频道发射基准站数据,移动站设置与基准站相同的频道接收基准站数据,PS236 手簿与移动站之间通过内置蓝牙模块进行数据通信。全部设备均为无线连接(图 5-13)。

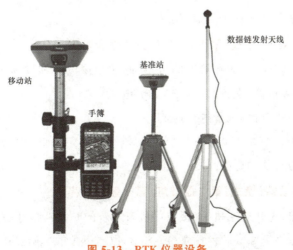

图 5-13　RTK 仪器设备

延安某天然气站是为管道输送天然气而建立的作业站,在天然气输送过程中起着调节和控制作用,其稳定性是保证输气系统安全运行的重要部分。为保证该天然气站场的安全运行,本次对天然气站场工作区及坡体进行 GNSS 变形监测。

案例解答

GNSS 连续运行基准站勘选时需要考虑的事项和条件有哪些?列出具有代表性的不适合设立基准点的地点。

Zenith20 的主要技术参数如下:

(1)跟踪 L1、L2、L2e、L5 GPS 卫星信号,L1、L2 GLONASS 卫星信号;

(2)SBAS、WAS、EGNOS、MSAS 载波相位;

(3)静态测量模式的平面精度为 3 mm+0.5 pm,高程精度为 5 mm+1 ppm,静态内存为 256 MB 闪存,标配 4 GB MicroSD 卡,可以 1 s 的采样率连续记录 1 年的卫星数据;

(4)RTK 测量模式的平面精度为 10 mm+1 ppm,高程精度为 20 mm+1 ppm;

(5)使用外置电台时,其发射功率当电台功率切换开关 19 置于 LOW 时为 2 W,19 置于 HIGH 时为 35 W,RTK 的作用距离≤15 km;使用内置电台时,RTK 的作用距离≤2 km,内置电台的发射功率最大为 1 W。

(6)每台接收机标配两块可拆卸的 ZBA203(7.4 V/2 500 mAh)锂电池供电,每块电池满电且使用内置电台进行 RTK 连续任务的时间为 8～10 h。

5.4.2　具体操作方法

下面以南方卫星导航 S82－2013 RTK 为例,介绍 GNSS 测量操作过程。南方 RTK 银河系列产品采用全星座接收技术、高可靠的载波跟踪技术及智能动态灵敏定位技术等,在常规测量中广泛应用。基准站和移动站的设置是 RTK 测量操作中的重要环节,需要先启动基准站,后进行移动站操作,基准站配置和移动站配置不要随意互换。

视频:以南方 RTK 为例介绍 GNSS 测量操作过程

1. 架设和启用基准站(模式:第 2 盏红灯、第 3 盏绿灯亮)

第一步:架好脚架和仪器,大致整平即可;接好多用途电缆和发射天线,注意电源的正负极正确(红正黑负,先接负极,准备“12 V、45 Ah”电瓶)。

第二步:打开主机和电台(查看电台通道)。

第三步:正常发射后灯的状况:“STA 灯”发射间隔均匀闪烁(PWR 灯长亮,电瓶电量充足;闪烁,电量不足,需要及时充电)。

2. 设置和启动移动站(模式:第 1 盏红灯、第 1 盏绿灯亮)

第一步:架好仪器,先开启主机头(接收信号有短暂的时间),再开启手簿。

第二步:打开工程之星 3.0 软件位置(EGStar,以右下角的“确定”按钮为主要确认键)。

3. 手持设备与移动站进行蓝牙连接(第 2 盏红灯亮表示蓝牙连接成功)

查看蓝牙设置,进入"工程之星"→"配置"→"蓝牙管理器"→"搜索"→单击对应的机身号码→"连接"→"OK"(退出蓝牙管理器)(图 5-14)。

图 5-14　移动站蓝牙连接设置界面

4. 电台设置

"配置"→"主机设置"→"电台设置"→"切换通道号"(输入对应通道)→"切换"→"读取"(当前通道号)→"确定"(图 5-15)。

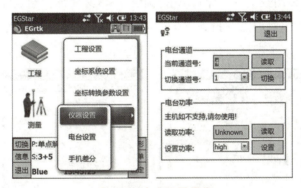

图 5-15　电台设置界面

5. 新建工程

第一步:"工程"→"新建工程"→"作业名称"(建议以当天日期命名,便于查找错误)→"确定"(图 5-16)。

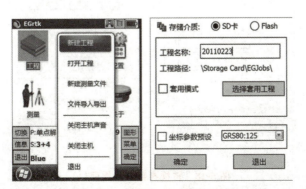

图 5-16　新建工程设置界面

第二步："配置"→"坐标参数设置"→"增加"→"编辑"[参数系统名、椭球名称（Beijing54、Xian80 等）、投影方式（高斯投影）、中央子午线（"点测量"界面按"信息"键查看经度的度数值）]→"确定"→"确定"（图 5-17）。

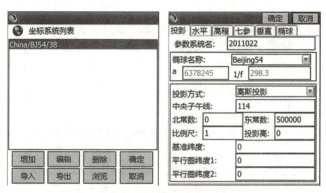

图 5-17　坐标配置设置界面

6. 求转换参数（四参数，平面转化至少需要两个已知点，高程转化至少三个）

第一步：选择"输入"→单击"求转换参数"→单击"增加"→填入已知控制点平面坐标（输入施工方给定的坐标即图纸上的坐标），单击"确定"→继续增加控制点经纬度坐标→单击"从坐标管理库选点"→选中对应点→检查点坐标无误后，单击"确定"（一组转换数据完成，再添加另外一组，注意查看水平精度和高程精度）（图 5-18）。

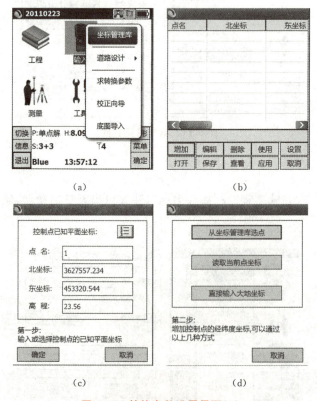

图 5-18　转换参数设置界面(1)

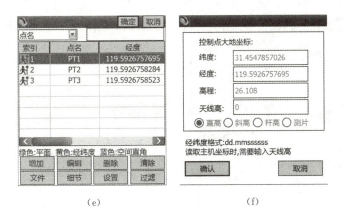

(e)　　　　　　　　　　(f)

图 5-18　转换参数设置界面(1)(续)

第二步:"保存"(一般存放在当天工程文件的 Info 文件夹下,文件类型为 ＊.cot)→确认无误后单击"保存"→"应用"→确定将求出的坐标转换参数赋值给工程,单击"是"(即应用到当前工程文件),参数应用之后便可开始测量(图 5-19)。

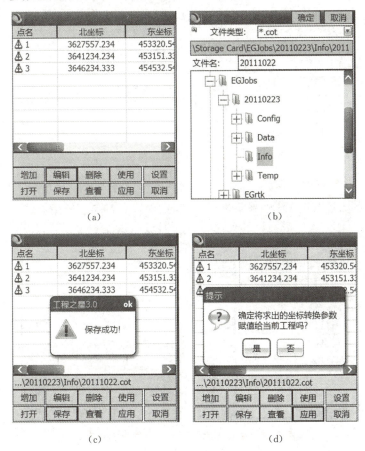

(a)　　　　　　　　　　(b)

(c)　　　　　　　　　　(d)

图 5-19　转换参数设置界面(2)

7. 单点校正

"输入"→"校正向导"→"基准站架设在未知点"→"下一步"→输入"移动站已知平面坐标"(注意杆高)→"校正"→"确定"(提示信息:务必将移动站对中整平)(图 5-20)。

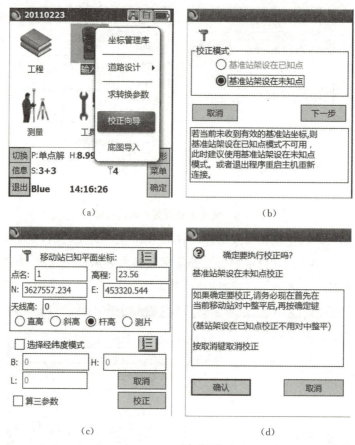

(a)   (b)

(c)   (d)

图 5-20 单点校正界面

8. 采集坐标及查看测点信息

"测量"→"点测量"(按 1)→"采集坐标"[点名、天线高(1.8)、杆高]→"OK"(图 5-21)。

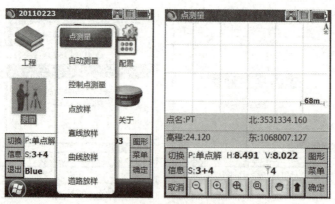

图 5-21 采集坐标及查看测点信息设置界面

9. 点放样

"测量"→"点放样"→上箭头→"目标"(选中确定)→进入"放样"界面,信息提示配合指南针将迅速找到放样点(图 5-22)。

视频:点放样

图 5-22　点放样设置界面

与全站仪坐标放样比较,使用 RTK 放样点位的优点:基准站与移动站之间不需要相互通视;移动站根据手簿显示的数据自主移动到放样点,无须基准站指挥;工期紧张时,可以在夜间进行放样。缺点:要求放样场区视野开阔,且无障碍物遮挡卫星信号。

需要注意的是,基准站位置变化或关机重启之后都必须做单点校正。单点校正之后采集当前点坐标,与已知坐标对比,精度在误差范围之内方可开始测量。

10. 传输数据(输入计算机的数据格式为 dat 格式,使用记事本打开)

第一步:将手簿连接驱动安装在计算机上。

第二步:使用北极星 X3 的 USB 通信电缆(SH9UD)将手簿与计算机连接,计算机自动弹出连接对话框,单击"确定"按钮即可。

第三步:手簿上:"工程"→"文件导入导出"→"文件导出"→"数据格式"(Pn,Pc,y,x,h)→"测量文件"→"成果文件"(重新命名文件名保存在"我的设备"\EGJobs 文件下,便于查找)→"导出"→"OK"(提示信息)。

第四步:计算机上:"浏览"→"EGJobs"→"当天工程"→"Data"→找到转换后的 dat 格式文件,复制粘贴保存在计算机中,使用记事本打开便可查看当天所有采集数据的信息。

📋 典型案例

在乌克兰南极科考项目中,南方卫星导航的 RTK S82—2013 为乌克兰科考站 Akademik Vernadsky 站提供定位和监测服务,请简述操作步骤。

案例解答

5.5　网络 RTK 系统

5.5.1　CORS 系统组成

随着 GNSS 技术的快速发展和广泛应用,利用多基站网络 RTK 技术建立的连续运行参考站(Continuously Operating Reference Stations,CORS)系统已成为城市 GNSS 应用发展的一个热点。CORS 系统定义为一个或若干个固定的、连续运行的 GNSS 参考站,利用计算机、数据通信和互联网(LAN/WAN)技术组成的网络,实时地向不同类型、不同需求、不同层次用户自动提供经过检验的不同类型的 GNSS 观测值(载波相位、伪距),各种改正数、状态信息,以及其他 GNSS 相关服务项目。与传统的 GNSS 作业相比,CORS 系统具有作用范围广、精度高、野外单机作业等众多优点。

CORS 系统主要由控制中心、固定参考站、数据通信和用户部分组成。

1. 控制中心

控制中心是整个系统的核心,既是通信控制中心,也是数据处理中心。它通过通信线(光缆、ISDN、电话线等)与所有的固定参考站通信,通过无线网络(CSM、CDMA、GPRS 等)与移动用户通信,由计算机实时控制整个系统的运行。

2. 固定参考站

固定参考站是固定的 GNSS 接收系统,分布在整个网络中,一个 CORS 网络可包含无数个固定参考站,但最少需要 3 个固定参考站,站间距可达 70 km。固定参考站与控制中心之间用通信线连接,其观测数据实时地传送到控制中心。

3. 数据通信

数据通信部分包括固定参考站到控制中心的通信及控制中心到移动用户的通信。参考站到控制中心的通信网络负责将参考站观测的卫星数据实时地传输给控制中心,控制中心和移动用户间的通信网络是指如何将网络校正数据发送给用户。

4. 用户部分

用户部分包括移动用户的接收机、无线通信的调制解调器及相关设备。

知识拓展

国内外 CORS 建设概况

1. 国外建设概况

目前,许多发达国家已经建立了较为完备的 CORS 系统。具有代表性的有美国的 CORS 系统、德国的 CORS 系统(SPAOS)、日本的 CORS 系统(COSMOS)和澳大利亚的 CORS 系统等。最早的是美国的 CORS 系统,建于 20 世纪 90 年代初期。由美国大地测量局(NGS)牵头组建。当初计划的是建立 250 个基准站,基准站间的距离为 100～200 km,覆盖全国。

值得一提的是德国的 SPAOS 系统,该系统是德国测量管理部门联合运输、建筑、房产管理、国防等部门共同组建的连续运行卫星导航定位服务系统。该系统由 250 多个永久性的参考站组成,平均站间距为 40 km。该系统的特点是可以提供 4 个不同级别、不同精度的定位服务:实时定位服务、高精度实时定位服务、精密大地定位服务和高精度大地定位服务。

日本国家地理院从 20 世纪 90 年代初开始,就着手布设地壳应变监测网,并逐步发展成日本 GPS 连续应变监测系统(COSMOS)。日本的 CORS 站数目最多、最为密集,基准站间的距离只有 10～15 km。

2. 国内建设概况

我国 CORS 的建设如火如荼,而且在国家层面和省(市)层面都已有较大的建设规模。我国区域级的 CORS 站建设,在北京、香港、上海、深圳、天津、武汉、昆明、成都等地已建立了城市的服务系统,除西藏外,全国 30 个省份建成或正在建设覆盖全省的连续运行卫星定位综合服务系统,部分省市基准站网已经开始对社会提供服务。

据全国基准站调查统计,各地各行业建设的基准站有 4 500 个站左右。省(市)系统主要在以下几个方面发挥优势和作用:在控制测量、工程测量、市政管线测量等方面可大大提高测绘精度和效率,降低了测绘劳动强度和成本;可实现实时、有效、长期的形变监测,在灾害预警方面发挥重要的作用;在城市诸多领域如气象、车船导航定位、物体跟踪、公安消防、测绘、GIS 应用等可提供高精度、实时动态导航定位服务;已成为城市信息化的重要组成部分,提供城市空间基础设施的三维、动态、地心坐标参考框架。

5.5.2　CORS 技术分类

CORS 技术主要有虚拟参考站系统(VRS)、区域改正参数(FKP)、主辅站技术三种。天宝和南方测绘 CORS 使用 VRS 技术,徕卡 CORS 使用主辅站技术,拓普康 CORS 则可以在三种技术中任意切换。目前,国内很多省市的 CORS 正在建设中,移动用户使用城市 CORS 进行测量一般需要支付年费。下面以 VRS 技术为例,介绍 VRS 技术的原理及优缺点。

在 VRS 网络中,各固定参考站不直接向移动用户发送任何改正信息,而是将参考站接收到的卫星数据通过数据通信线发给控制中心。移动用户在工作前,先通过 GSM 短信功能向控制中心发送一个概略坐标,控制中心收到这个位置信息后,根据用户位置,由计算机自动选择最佳的一组固定基准站,根据这些站发来的信息,整体改正 GNSS 的轨道误差、电离层、对流层和大气折射引起的误差,将高精度的差分信号发送给移动站。该差分信号的效果相当于在移动站旁边生成了一个虚拟的参考基站,从而解决 RTK 在测量距离上的限制问题,并保证用户移动站的定位精度(图 5-23)。

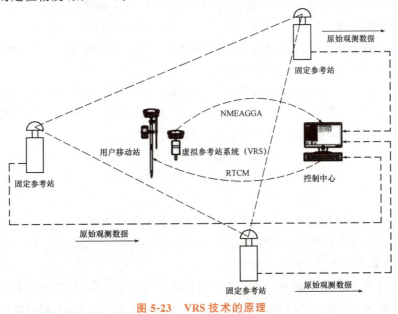

图 5-23　VRS 技术的原理

VRS的优点在于只需要增加一个数据接收设备,不需增加用户设备的数据处理能力,接收机的兼容性比较好;控制中心应用整个网络的信息来计算电离层和对流层的复杂模型;整个VRS的对流层模型是一致的,消除了对流层误差;成果的可靠性、信号可利用性和精度水平在系统的有效覆盖范围内大致均匀,与离开最近参考站的距离没有明显的相关性。VRS技术要求双向数据通信,流动站既要接收数据,也要发送自身定位结果和状态。每个流动站和控制中心交换的数据都是唯一的,这对系统数据处理、控制中心的数据处理能力和数据传输能力有很高的要求。

5.5.3 城市CORS测量操作方法

下面介绍CORS测量的一般操作步骤:

(1)用户向所在省、市CORS网站申请IP地址、端口号、用户名与密码;

(2)将一个移动手机SIM卡插入接收机底部电池盒的"SIM卡"插槽,按"开机"键打开接收机电源;

(3)在手簿启动内置工程软件,执行"配置"→"手簿端口配置"命令,使手簿与接收机蓝牙连接;

(4)执行"配置"→"移动站参数"→"移动站选项"命令,在"连接方式"列表中选择"网络RTK-内置",如执行"配置"→"移动站参数"→"网络RTK"命令;

(5)在"数据中心"栏输入IP地址,输入端口号,单击"接受"选项;

(6)在"源列表"栏获取源列表,输入用户名和密码,单击"接受"选项可进行CORS测量。

📝 故事链接

1993年的"银河号"事件

1993年,"银河号"事件爆发,当时一艘满载中国货物的货船从天津港出发,准备前往中东地区,7月23日,美国一口咬定"银河号"货船上藏有危险性物品,要求停船接受检查,否则将制裁中国,随后又派出军舰和战机低空进行巡查,并在这一过程中,美国政府下令关掉了"银河号"附近海域的GPS。

"银河号"货船就这样在印度洋上漂流了长达30多天,随后我国派出了救援船,也因为GPS被动了手脚,搜寻不到银河号所在的具体位置。

可能有人说,没有GPS,拿着指南针或夜观天象也能找到航海的方向,可是谁能料到会突发这种情况呢?有了GPS,谁还拿着指南针及学习夜观天象的技能呢?况且这只是一艘商船,上面坐着的都是商人,而不是经过特殊训练的军人。

考虑到船员的生命安全,最后实在没有办法才接受了美国的搜查,两次搜查,并没有在银河号货轮上发现由美国所指控的危险性物品,这只是一场由美国自导自演,故意刁难我国的闹剧罢了。

中国前外交部国际司副司长沙祖康在回忆这件带有屈辱性质的事情时,发自肺腑地说出了"窝囊透了"几个字,听了着实让国人感到心酸,所以在现代社会,没有属于自己的导航系统,许多重要设施就成了"瞎子"或"聋子"。

加上海湾战争的影响,我国下定决心启动由陈芳允院士团队提出的"两星定位"方案,加紧建造属于自己的卫星导航系统,1994年12月,北斗导航实验卫星系统工程获得国家批准。

一、填空题

1. GPS 系统的_____颗卫星均匀分布在 6 个相对于赤道的倾角为_____的近似圆形轨道上,运行周期为_____小时_____分_____秒。

2. 每颗卫星可覆盖全球 38% 的面积,卫星的分布可保证在地球上任意地点、任何时刻、在高度角_____以上的天空能同时观测到_____颗以上卫星。

3. GPS 由_____、_____和_____ 3 部分组成。

4. 根据待定点位的运动状态,GPS 定位方法可分为_____和_____;而按定位模式不同,可分为_____、_____和_____。

二、判断题

1. GPS 网中的已知点应不少于 3 个。　　　　　　　　　　　　　　　　　(　　)

2. 采用双频观测可消除电离层折射的误差影响。　　　　　　　　　　　　(　　)

3. 实时载波相位差分简称为 RTK。　　　　　　　　　　　　　　　　　(　　)

4. 强电磁干扰会引起周跳。　　　　　　　　　　　　　　　　　　　　　(　　)

5. 四等 GPS 网的基线长度相对中误差应不超过 1/45 000。　　　　　　　(　　)

三、简答题

1. 简述 GPS 的定位原理。

2. 卫星广播星历包含哪些信息? 它的作用是什么?

3. 为什么称接收机测得的工作卫星至接收机的距离为伪距?

4. 测定地面一点在 WGS−84 坐标系中的坐标时,GPS 接收机为什么要接收至少 4 颗工作卫星的信号?

5. GPS 由哪些部分组成? 简述各部分的功能和作用。

6. 载波相位相对定位的单差法和双差法分别可以消除什么误差?

7. 什么是同步观测? 什么是卫星高度角? 什么是几何图形强度因子 DPOP?

8. 使用 Zenith20 进行放样测量时,基准站是否一定要安置在已知点上? 移动站与基准站的距离有何要求? GeoMaxSurvey 软件是以哪种方式进行操作的? 导入导出坐标文件的意义是什么? 坐标文件的格式是否固定?

9. CORS 主要有哪些技术? 国内外主流测绘仪器厂商的 CORS 使用的是什么技术?

地下管线工程测量

知识要点	能力要求	权重
管线点测量	掌握管线特征点位置确定的技术要求;掌握管线点测量的方法;熟悉管线点测量的精度要求	30%
管线带状数字地形图测绘	熟悉管线带状数字地形图测绘的数据采集、图形编辑过程及成果质量要求	20%
横断面测量	了解横断面测量的概念和基本内容	5%
管线放线测量	熟悉管线放线测量的内容和方法	20%
非开挖管线测量技术	了解非开挖管线测量的技术和方法	10%
管线测量质量检查	熟悉管线测量质量的基本要求和质量评定标准	15%

项目描述

　　地下管线工程测量包括已有管线测量、新建管线的放线和竣工测量、管线图绘制和测量成果的检查验收等。

　　地下管线工程测量前,应收集测区已有的控制和地形资料,对缺少已有控制点和地形图的地区,进行基本控制网的建立和地形图施测,以及对已有资料的检测和修测。地下管线的平面位置测量宜采用极坐标法、解析法、导线串联法进行,地下管线的高程测量宜采用水准测量方法,也可采用电磁波三角高程测量。各项测量所使用的仪器设备,必须经过检验和校正。其检校及观测值的改正按现行《城市测量规范》(CJJ/T 8—2011)的规定执行。

职业能力目标

　　开展地下管线工程测量工作,需要掌握地下管线测量的内容、常用方法和技术要求,熟悉地下管线放线和竣工测量的工作过程,了解非开挖管线测量的新技术、新方法,具备能够参与管线点测量、管线放线测量和竣工测量、管线图测绘及成果检查验收等测绘工作的知识与能力。学习本项目内容后,应该达到以下目标:

(1)了解地下管线工程测量的内容和作用;

(2)掌握管线特征点位置确定的技术要求、管线点测量的方法;

(3)熟悉管线带状数字地形图测绘的数据采集、图形编辑过程及成果质量要求;

(4)了解横断面测量的概念和基本内容;

(5)熟悉管线放线测量的方法;

(6)了解非开挖管线测量的技术;

(7)熟悉管线测量质量的基本要求和质量评定标准。

典型工作任务

认识地下管线工程测量工作的内容,学习管线点测量、管线放线测量和管线竣工测量的方法与技术要求;熟悉管线带状数字地形图测绘、地下管线工程测量成果检查验收的基本要求和质量评定标准。

情境引例

2013 年前的西藏那曲有"三屈":一是供水屈,吃不上干净的自来水;二是排水屈,没有畅通的排水渠道;三是供热屈,没有实现集中供热。为解决"三屈"问题,国家拨付了 10 多亿元,集中建设净水厂、污水处理厂、热源厂,但由于那曲市技术力量薄弱,导致包括拨地测量等问题迟迟解决不了,造成工期一拖再拖。

在测绘人许可得知要选派专业技术干部去西藏,到辽宁对口援建的那曲市工作时,他毫不犹豫地报了名。当他来到那曲时,马不停蹄地对新建管线实施了地下管线测量。很多同事都劝他当心点,在那曲,氧气稀缺,会得很多高原病。许可对同事们说:"道理我都懂,但有些工作真是耽误不得。在管线覆土之前进行地下管线测量,不仅可以纠正施工中存在的误差,还可以留下一份宝贵的地下管线资料。地下管线相当于城市的'神经'和'血管',一份准确完整的管线资料,对日后城市市政管理意义重大。雨果不是说过吗?'下水道是一个城市的良心',那曲的城市规划起步比较晚,但是一定要保证它'良心'的正直。我现在要做的,就是把那曲的地下管线资料做得详尽完备,为今后的市政建设打下基础。"截至 2015 年 8 月初,许可终于完成了那曲在建给水 26 798 m、热力 21 082 m、排水管线 13 141 m 的测量工作,绘制了详细的地下管线图,为那曲市政管理提供了强大的数据支撑。

在进行地下管线测量时,需要确定管线特征点的位置,运用不同的测量仪器和设备,对地下管线进行带状数字地形图测绘、横断面测量、放线测量和竣工测量,编绘地下管线图,依据《城市地下管线探测技术规程》(CJJ 61—2017)和《城市测量规范》(CJJ/T 8—2011)对地下管线测量的精度要求,对管线测量进行质量检查,为城市日常精细化管理提供准确可靠的基础数据。

6.1 管线点测量

城市地下管线测量技术的发展对实现城市地下管线的配套与重新铺设,完善城市的功能具有极其重要的作用。已有地下管线测量是对已埋设在地下的管线进行平面位置和高程测量。测量内容包括管线两侧与邻近第一排建(构)筑物轮廓线之间的地形地物测量(称为带状地形图测量)和地下管线点连测。

在管线调查或探查工作中设立的管线测点统称为管线点。一般要在地面设置明显标志,采用物探技术实施探查时要编写物探点号。管线点测量是指对管线点标志作平面位置和高程连测,计算管线点的坐标和高程等。

知识拓展

《城市地下管线探测技术规程》(CJJ 61—2017)中城市地下管线普查取值标准见表 6-1。

表 6-1　城市地下管线普查取值标准

管线类别	需探测的管线
给水	管径≥50 mm
排水	管径≥200 mm 或方沟≥400 mm×400 mm
燃气	全测
热力	全测
电力	全测
通信	全测
工业	全测
其他	全测

6.1.1　管线特征点位置的确定

管线点可分为明显管线点和隐蔽管线点两类。明显管线点一般是地面上的管线附属设施的几何中心,如窨井(包括检查井、检修井、闸门井、阀门井、仪表井、人孔和手孔等)井盖中心、管线出入点(上杆、下杆)、电信接线箱、消防栓栓顶等;隐蔽管线点一般是地下管线或地下附属设施在地面上的投影位置,如变径点、变坡点、变深点、变材点、三通点、直线段端点及曲线段加点等。特征点位置应根据管线的结构确定,一般可分为以下几种类型:

视频:数字测图特征点选取

(1)分支管线点。即分支管线,取各分支管轴线的交点(图 6-1)。

(2)弧形管线点。取圆弧中轴线上起、中、终三点,如圆弧长度较长,应适当增加点数,以便能够准确表示弧形(图 6-2)。

(3)井室地物点。用符号标示的各类井形状(方形、圆形)管线设施,将实地井室的轮廓形状表示在图面,并存入数据库(图 6-3)。

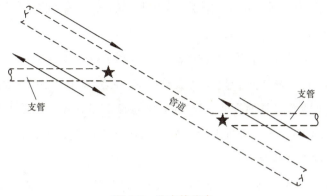

图 6-1　分支管线点

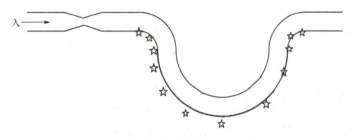

图 6-2　弧形管线点

图 6-3　井室地物点

（4）变径点。管线的截面尺寸变化之处（图 6-4）。

图 6-4　变径点

（5）管沟（道）。应分依比例尺和不依比例尺两种情况。当依比例尺时，应在管沟（道）两侧各取一点；当不依比例尺时，应在管沟（道）主轴线上取点。

(6)对直线段中没有特征点的点位确定,应按照《城市地下管线探测技术规程》(CJJ 61—2017)的规定原则在管线主轴线上定位。

管线点的设置应尽量置于管线的特征点,这样有利于控制管线点的敷设状况。管线的特征点包括交叉点、分支点、转折点、起止点、变深点、变径点、变材点及管线附属设施的中心点等。如果管线的坡度或直径是渐变的,可以将特征点设置在管线变化最大的位置或管线变化段中点,可以结合施工图和施工进度及时确定。为保证新旧管线衔接接边的质量,一般应对接边处的原管线重新测量并适当外延。

因地下管线竣工后的隐蔽性,即使管线点的测量精度较高,但如果管线的特征点对管线走向控制不够,也无法准确地反映地下管线竣工测量的成果质量。如果走向较稳定的管线段上没有特征点,则也应按一定间距设置管线特征点,对圆弧较大的管线段,应加设测点,以便真实反映其特征。直线段的点间距离一般不大于图上 150 mm;圆弧段的一般不大于图上 15 mm。

6.1.2 管线点测量的方法

在大多数情况下,地下管线点测量是在管线点探查作业完成后进行,由探查工序提供一份 1:500 探查草图,图上标注有探查点号、管线走向、位置及连接关系等,作为开展管线测量的依据。地下管线点空间位置测量包括平面坐标测量和高程测量。

1. 管线点平面坐标测量

地下管线点平面坐标测量的方法主要有极坐标法、解析法和导线串联法。

(1)极坐标法。极坐标法是目前普遍采用的一种方法,可同时测定管线点的平面坐标与高程,主要采用 DJ6、DJ2 级全站仪。测站宜采用长边定向,经测站检查和第三点(控制点或邻站已测管线点)检测后开始管线点测量,仪器高和觇标高量至毫米,测距长度不得大于 150 m。水平角及垂直角均观测半个测回记录到全站仪内存上,只记录管线点的坐标(坐标模式)及编号。也可利用全站仪记录管线点的基本观测量(点号、边长、水平角、垂直角、觇标高,注意仪器高和觇牌高量测与输入的准确性),再通过内业计算管线点坐标。

管线点均是全野外数字化采集。全站仪测量应注意仔细检查、核对图上编号与实地点号对应一致,防止错测、漏测和错记、漏记,严格做到测站与镜站一一对应,不重不漏。测量时,司镜员将带气泡的棱镜杆立于管线点地面标志上(隐蔽点以"+"字为中心,明显点以井盖中心为中心观测),并使气泡严格居中,观测员快速、准确地瞄准目标并测定坐标。

每一测站均对已测点进行测站与测站之间的检查,记录其两次结果的差值作为检查结果,确保控制点和定向的正确性。为了确保每个管线点的精度,每一测站均对已测点进行邻站检查,每站检查点不少于 2 点,记录两次测量结果并计算差值,平面坐标差不大于 5 cm,高程差不大于 3 cm,若发现超差,应查明原因并重新定向和测量。应将当天的数据及时传至计算机,以日期为文件名保存原始数据。原始数据经编辑、处理、查错、纠错后,应保存到管线测量数据库。

(2)解析法。当管道规划设计图上已给出管道中线上的交点和特征点坐标(或在图上求出管道中线上的交点和特征点的坐标),而且主点附近有控制点时,可以根据控制点坐标和管道主点的坐标,按照坐标反算公式来获得管线点坐标数据。解析法测量的特点是所有管线点都用实测元素按公式解析计算其坐标。解析法的主要步骤包括:收集路线附近导线点的坐标和方位角资料;用图解法在实地上定出路段测设的起讫点;用全站仪等仪器设备测角、测边;根据方位角和边长,计算路段起讫点或测点的坐标和方位角;根据相交路线的方位角,计算出路线交叉角;计算和测设中间点;编制和传递有关测点的里程桩;校对各测点的坐标、边长及方位角的数据,检查是否符合精度要求。

(3)导线串联法。导线串联法通常用于图根点比较稀少或没有图根点的情况,需要重新布设图根点,将全部或部分管线点纳入图根导线,即管线点可视为导线点。在施测导线的同时,未纳入导线的管线点,采用极坐标法或解析交会法测量。导线串联法的导线起闭点不低于城市三级导线的精度要求。

2. 管线点高程测量

管线点高程测量一般采用图根水准测量法、电磁波测距和三角高程测量法,也可采用GNSS RTK 高程测量法,可根据项目需要选用。高程起始点为四等以上水准点。水准路线应沿地下管线走向布设。应采用附合水准路线、闭合水准路线,在特殊情况下可采用水准支线,水准支线长度不得超过 4 km,并按规范规定进行往返观测。

电磁波测距三角高程也应起闭于四等以上水准点,按电磁波测距导线和解析交会法测设,垂直角可单向观测,用交会法时应不少于 3 个方向,应确保仪器高、觇标高的量测精度和垂直角的观测精度。采用全站仪联测管线点时,可同时测定管线点的平面坐标和高程,应注意仪器高和站标高量测与输入的准确性。采用 GNSS RTK 方法测量管线点高程时应按已确定的区域高程异常模型或当地大地水准面精化成果进行计算,提高高程测量精度。

6.1.3 管线点测量精度

参照《城市地下管线探测技术规程》(CJJ 61—2017)的规定,地下管线点的平面位置测量中误差不应大于 50 mm(相对于该管线点起算点),高程测量中误差不应大于 30 mm(相对于该管线点起算点)。管线点点位中误差是指裸露的管线中心点和检修井井盖中心等测点相对于临近解析控制点而言的,对于地下管线规划核验测量和覆土前竣工测量,一般均是明显点,能直接测量其点位坐标。管线点的坐标大多采用全站仪极坐标法施测或采用 GNSS RTK 方法测量,一般均能达到精度要求。

《城市地下管线探测技术规程》(CJJ 61—2017)关于管线点测量的相关规定

(1)管线点测量内容应包括测定并计算管线点的平面坐标和高程、提供管线点测量成果。(6.3.1)

(2)管线点的平面坐标、高程测量宜采用导线串测法或极坐标法等方法测定,并应符合下列规定:(6.3.2)

1)采用导线串测法测量管线点平面坐标的作业方法和要求应符合本规程6.2.2条的规定;

2)使用全站仪采用极坐标法测量管线点平面坐标和高程时,水平角和垂直角可观测半测回,测距长度不宜超过150 m,定向边宜采用长边,仪器高和觇牌高量至毫米;

3)采用水准测量法测定管线点的高程时,管线点可作为转点;管线点密集时可采用中视法观测。

(3)管线点测量可使用电子手簿记录数据,经检查和处理生成数据文件,并应符合下列规定:(6.3.3)

1)数据应进行检查,删除错误数据,及时补测错、漏数据,超限的数据应重测;用经检查完整正确的测量数据,生成管线测量数据文件;数据文件应及时存盘、备份;

2)生成的数据文件应包含本规程第5.2节所获得的管线属性数据;

3)生成的数据文件应便于检索、修改、增删、通信与交换;数据文件的格式应符合任务规定。

6.2 管线带状数字地形图测绘

进行带状地形图测量主要是为了保证地下管线与邻近地物有准确的参照关系,当测区设有相应比例尺地形图或现有地形图不能满足管线图的要求时,应采用数字测图技术,根据需要施测带状地形图。城市地下管线带状地形图的测图比例尺一般为1∶500或1∶1 000。大中城市的城区测图比例尺一般为1∶500,郊区为1∶1 000;城镇一般为1∶1 000。测绘范围和宽度要根据有关主管部门的要求来确定,对于规划道路,一般测出两侧第一排建筑物或红线外20 m为宜。测绘内容按管线需要取舍,测绘精度与相应比例尺的基本地形图相同。

地下管线大比例尺带状地形图测绘的作业规范和图式主要有《城市测量规范》(CJJ/T 8—2011)、《城市地下管线探测技术规程》(CJJ 61—2017)、《国家基本比例大地图1∶500 1∶1 000 1∶2 000地形图》(GB/T 33176—2016)、《基础地理信息要素分类与代码》(GB/T 13923—2022)等。数字带状地形图测绘主要包括野外数据采集和图形编辑与输出两大部分。

测图比例尺的选用

测图比例尺可根据《城市测量规范》(CJJ/T 8—2011)的规定选用(表6-2)。

表6-2 测图比例尺的用途

比例尺	用途
1∶10 000	城市规划设计
1∶5 000	
1∶2 000	城市详细规划和工程项目的初步设计等
1∶1 000	城市详细规划和管理、地下管线和地下普通建(构)筑工程的现状图、工程项目的施工图设计等
1∶500	

各种比例尺地形图除直接施测外,还可利用较大比例尺地形图缩编成图。

6.2.1 野外数据采集

带状地形图野外数据采集按数据采集设备主要分为全站仪法和 GNSS RTK 法。数据采集包括数据采集模式、地形信息编码、碎部点间的连接信息及绘制工作草图等内容,它们是数字成图的基础。

1. 数据采集模式

数据采集模式按数据记录器的不同一般可分为电子手簿、便携机、全站仪存储卡和 GNSS RTK 等模式。下面予以简要说明。

(1)电子手簿模式。电子手簿和全站仪通过电缆进行连接,可以实现观测数据和坐标值的在线采集,在控制点、加密图根点或测站点上架设台站仪,经定向后观测碎部点上的棱镜,得到方向、竖直角和距离等观测值,记录在电子手簿中。

在测碎部点时要同时绘工作草图,记录地形要素名称、绘制出碎部点连接关系等。也可以通过电子手簿生成简单的图形,进行连线和输入信息码。室内将碎部点显示在计算机屏幕上,采用人机交互方式,根据工作草图提示进行碎部点连接,输入图形信息码和生成图形。

(2)便携机模式。在测站上将便携机和全站仪通过电缆进行连接,可以实现观测数据和坐标值的在线采集,便携机和全站仪也可利用无线传输数据。在便携机上可即刻对照实际地形地物进行碎部点连接、输入图形信息码和生成图形。便携机模式可作内外业一体化数字测图,称为"电子平板法"测图。

(3)全站仪存储卡模式。采用具有内存和自带操作系统或可卸式 PCMCIA 卡的全站仪,由用户自主编制记录程序并安装到全站仪中,无须电缆连接,野外记录十分方便。可将存储卡或 PCMCIA 卡上的数据方便地传输到计算机,其他过程同电子手簿模式。

(4)GNSS RTK 模式。采用 GNSS RTK 技术进行大比例尺数测图时,仅需一名测量人员身背 GNSS 接收机在待测点上观测数秒到数十秒即可求得测点坐标(碎部点的平面坐标和高程），并通过电子手簿或便携机模式，测绘各种大比例地形图。

在城市作带状地形图测绘时，受顶空障碍和多路径的影响较大，故 RTK 技术主要适用较空旷的郊区或规划区，一般还需要采用全站仪测量方法对部分碎部点进行补测。

2. 地形信息编码

为使绘图人员或计算机能够识别所采集的数据，便于对其进行处理和数据加工，须给碎部点一个代码（称地形信息编码）。编码应遵循一致性、灵活性、高效性、实用性和可识别性等原则。

按照现行国家标准《基础地理信息要素分类与代码》（GB/T 13923—2022）中的规定，基础地理信息要素类型按从属关系依次分为大类、中类、小类、子类。大类共划分为定位基础、水系、居民地及设施、交通、管线、境界与政区、地貌、植被与土质、地名 9 个。其中，管线要素包括长输输电线，长输通信线，长输油、气、水输送主管道，城市管线 4 个中类。基础地理信息要素代码由 6 位十进制数字码组成，从左到右，第一位是大类码，第二位是中类码，在大类基础上细分形成的要素类；第三、第四位为小类码，在中类基础上细分形成的要素类；第五、六位为子类码，为小类的进一步细分。管线测量中的地形信息编码与标准规定是一致的。如分类代码"543002"表示"管线（5）-城市管线（4）-给水管线（30）-地下管线出入口（02）"。

3. 碎部点间的连接信息

要确定碎部点间的连接关系，特别是一个地物由哪些点组成，点之间的连接顺序和线型，可以根据野外草图上所画的地物及标注的测点点号，在电子手簿或计算机上输入，或在现场对照地物在便携机上输入。按照所使用的数字测图系统的要求，组织数据并存盘，即可由测图系统调用图式符号库和子程序自动生成图形。

4. 绘制工作草图

绘制工作草图是保证图形数据质量的一项措施。工作草图是图形信息编码、碎部点间的连接和人机交互生成图形的依据。

如果工作区有相近的比例尺地形图，则可以利用旧图做适当放大复制或裁剪后，制成工作草图的底图。作业人员只需将变化了的地物反映在草图上即可，在无图可用时，应在数据采集的同时人工绘制工作草图。工作草图应绘制地物的相关位置、地貌的地性线、点号标记、量测的距离、地理名称和说明注记等，地物复杂、地物密集处可绘制局部放大图。草图上点号注记标注应清楚正确，并与电子手簿上记录的点号一一对应。

6.2.2 图形编辑输出与质量要求

1. 图形编辑

带状数字地形图的编辑是由技术人员操作有关测图系统软件来完成的。将野外采集的碎部点数据，在计算机上显示图形，经过人机交互编辑，从而生成数字地形图。所选用的数字测图系统必须具有以下基本功能：

（1）碎部数据的预处理功能，包括在交互方式下碎部点的坐标计算及编码、数据的检查与修改、图形显示、图幅分幅等。

视频：图形编辑

（2）地形图编辑功能，包括地物图形文件的生成、等高线文件的生成、图形修改、地形图注记、图廓生成等。

（3）地形图输出功能，包括地形图绘制、数字地形图数据库处理和存储等。

目前，国内代表性的数字测图系统有南方测绘仪器公司研制的 CASS 数字测图系统等，在生产实践中有广泛应用。随着 GIS 的应用和发展，数字测图系统向 GIS 前端数据采集系统方向发展（图6-5）。

图6-5 CASS 数字测图系统

2. 图形输出

图形输出设备主要有绘图仪、打印机、计算机外存（包括软盘、光盘、硬盘）等。数字带状地形图在完成编辑后，可以储存在计算机内或外存介质上，或者由计算机控制绘图仪直接绘制地形图。

视频：图形输出

3. 图形质量要求

带状数字地形图的质量要求主要通过其数学基础、数据分类与代码、位置精度、属性精度、要素完备性等质量特性来描述。

（1）数学基础是指地形图所采用的平面坐标和高程基准、等高线的等高距等。

（2）数据分类与代码应按照《基础地理信息要素与代码》（GB/T 13923—2022）等标准执行，需要补充的要素与代码应在备注中加以说明。

（3）位置精度主要包括控制点、地形地物点的平面精度、高程注记点和等高线的高程精度等。

（4）属性数据精度是指描述地形要素特征的各种属性数据是否正确无误。

（5）要素完备性是指各种要素不能有遗漏或重复现象，数据分层要正确，各种注记要完整等。

管线及附属设施的测绘应符合下列规定：

(1)永久性的电力线、通信线均应准确表示,电杆、铁塔位置应实测。当多种线路在同一杆架上时,只表示主要的。城市建筑区内电力线、通信线可不连线,但应在杆架处绘出线路方向。各种线路应做到线类分明,走向连贯。

(2)架空的、地面上的、有管堤的管道均应实测,分别用相应符号表示,并注记传输物质的名称。当架空管道直线部分的支架密集时,可适当取舍。地下管线检修井宜测绘表示。

6.3　横断面测量

为了满足地下管线改、扩建施工图设计的要求,有时还需要提供某个或某几个路段的横断面图,这时需要做横断面测量。

横断面测量施测的宽度由管道的直径和埋深来确定,一般每侧为10～20 m。横断面测量方法与道路横断面测量相同。当横断面方向较宽、地面起伏变化较大时,可用全站仪视距测量的方法测得距离和高程并绘制横断面图。如果管道两侧平坦、工程面窄、管径较小、埋深较浅时,一般不做横断面测量,可根据纵断面图和开槽的宽度来估算土(石)方量。

知识拓展:××路、管线综合横断面图

横断面的位置要选择在主要道路(街道)有代表性的位置,一般一幅图不少于两个断面。横断面测量应垂直于现有道路(街道)进行布置,规划道路必须测至两侧沿路建筑物或红线外,非规划道路可根据需要确定。除测量管线点的位置和高程外,还应测量道路的特征点、地面坡度变化点和地面附属设施及建(构)筑物的轮廓。各高程点按中视法实测,高程检测较差不应大于±5 cm。

6.4　管线放线测量

线路设计施工图上标明了设计管线的位置、主要点的坐标及与周围地物的关系。所谓放线条件是指设计管线的设计参数、主要点的坐标和其他几何条件。管线放线测量是把图上的设计管线放样(或称测设)到实地的测量,管线放线测量是管线敷设的基础和保证。

地下管线放线测量应依据经批准的线路设计施工图和放线条件进行放线测量。为放线测量布设的导线称为放线导线,放线导线一般按三级导线等级布设,主要技术要求应符合《城市地下管线探测技术规程》(CJJ 61—2017)相应条款的规定。放线测量主要采用下列方法。

6.4.1　解析实钉法

根据线路设计施工图和放线条件所列待测设管线与现状地物的相对关系,在实地用经纬仪定出设计管线的中线桩位置,然后联测中线的端点、转角点、交叉点及长直线加点的坐标,再计算各线段的方位角和各点坐标。

6.4.2 解析拨定法

解析拨定法是通过测定放线条件中指定地物点的坐标,根据放线条件推算中线各主要点坐标及各线段方位角,并用导线将中线各主要点及每隔150～300 m 的直线加点测设于实地。具体操作方法如下:

(1)根据线路设计施工图和放线条件布设定向导线,测出放线条件和线路设计施工图中所列的地物点的坐标,推算中线各主要点坐标及各段方位角。如果放线条件和线路设计施工图中给出的是管线各主要点的解析坐标或图解坐标,则可计算出中线各段的方位角和直线上加点的坐标。

(2)用导线点放样出中线上各主要点和加点,直线上每隔50～150 m 设一个加点。对于直线段上的中线放样点应做直线检查,记录偏差数,采用作图方法求取最佳直线,并进行现场改正。

6.4.3 自由设站法

根据放线导线点的坐标,在实地任选一个便于定测放样的测站,用电子全站仪采用自由设站法(各种后方交会法)获得测站点的坐标并定向,然后根据测站坐标和新建敷设管线的设计坐标用极坐标进行放样。

6.4.4 GNSS 测量法

采用 GNSS RTK 或网络 RTK 技术,将新敷设的管线点设计坐标事先加载到 GNSS 的控制器(如 PDA)上,根据程序可在实地进行管线放样,采用这种方法的前提是在 GNSS 测量的顶空障碍较小,适合在规划区的新建管线放线。

测量地物点坐标时,应在两个测站上用不同的起始方向用极坐标法或两组前方交会法进行,交会角应控制为30°～150°,当两组观测值之差小于限差时,取两组观测值平均值作为最终观测值。在放线计算中,方位可根据需要计算至$1''$或$0.1''$,距离和坐标计算至毫米。管线桩位遇障碍物不能实钉时,可在管线中线上钉指示桩,应写明桩号,指示桩与应钉桩的距离应在有关资料中注明。

在放线测量过程中,应进行控制点校核、图形校核和坐标校核等各种校核测量,校核限差应符合《城市地下管线探测技术规程》(CJJ 61—2017)的规定及当地的相应规定。

用导线点测设的管线中线桩位应做图形校核,并在不同测站上后视不同的起始方向进行坐标校核。

📋 知识拓展

地下管线放线测量平面控制测量

(1)平面控制点的等级不应低于三级,可采用导线测量或卫星定位动态测量等方法布设。在控制点稀少地区,三级导线可同级附合一次。

(2)采用导线测量方法布设平面控制点时,应符合《城市测量规范》(CJJ/T 8—2011)的相关规定;采用卫星定位动态测量方法布设平面控制点时,应符合《卫星定位城市测量技术标准》(CJJ/T 73—2019)的规定,导线点可不埋石。

6.5 非开挖管线测量技术

非开挖技术是在不开挖或少开挖地表的情况下进行地下管线的铺设修复、探测的施工技术。近年来,随着城市市政建设日新月异,非开挖技术在城市市政管线施工中得到较广泛的运用。非开挖管线由于其施工的特殊性,使得传统地下管线测量技术难以实施,会导致非开挖管线数据的遗失。根据城市地下管线探测技术要求,非开挖管线施工完工后需要提供地下管线三维测量数据,以便进行数据复查和归档管理。

非开挖地下管线测量技术是地下管线三维信息测量技术的一个重要分支。目前,非开挖管线探测管线主要采用两种类型的方法。一是管外测量技术,如电磁法探测技术、导向仪探测技术、探地雷达技术、声呐技术、红外传感技术等。电磁法探测技术和导向仪探测技术是目前非开挖管线探测技术中较常用、成熟的技术方法。二是管内测量技术,即介入式测量技术,如利用光纤、光栅曲率传感器、角度传感器及位置敏感器件来测量管线位置。下面主要介绍导线法和惯性轨迹定位法。

6.5.1 导线法

采用掘进机法、盾构法等微型隧道法技术工艺施工的管道,可利用导线测量的方法测量平面位置和高程,导线测量要求见《城市测量规范》(CJJ/T 8—2011)中控制测量、高程控制测量等章节要求。如因工作井较深,无法直接采用导线测量的方法将地面控制点引入施工场地时,需采用"一井定向"联系测量方法把地面控制点导入施工场地。

管道安装测量工作,每间隔30~50 m应做一次支导线测量,并对安装过程中平面和高程产生的偏差进行调整。每100~120 m需进行一次复测支导线测量,支导线测量点布设一般以100 m为宜,最好将保存完好的临时导向点作为支导线点使用,便于检核。高程可以采用三角高程测量和水准测量的方法进行观测,尽量选用导线点作为高程点,便于绘图检核。

管道施工测量时,应事先根据设计坐标建立直线方程,根据点到直线距离公式,计算安装过程中,各个临时点偏差,以便对施工位置偏差进行及时调整。根据高程测量值与设计高程进行比较,及时调整高程偏差。平差一般采用简易平差,各项技术指标应满足《城市测量规范》(CJJ/T 8—2011)的要求,成果作为竣工测量成果。

6.5.2 惯性轨迹定位法

在实际工作中,现场往往存在区域内管线埋设密集或目标管线在栅栏、道路隔离栏、钢筋网路基下面,无法满足物探条件,应该采用惯性轨迹的测量方法。

当埋深大于5 m时,或地质条件等影响不具备物探条件时,很难采用常规的物探方法对目标管线进行探测,此时,应该采用三维轨迹惯性定位测量法进行测量。对于钢管或带有钢筋骨架的混凝土管,也可以采用磁梯度法进行物探,但采用该种物探方法,成本高、效率低,一般不建议采用。

📖 **知识拓展**

使用轨迹探测法应符合《城市地下管线探测技术规程》(CJJ 61—2017)中的规定。

(1)探测前应标定仪器的姿态参数、计程装置及信号特征;

(2)应根据目标管道的管径选择相应的探头及定心装置,使探头移动轨迹与管道中心重合;

(3)采用探查载体行程及姿态参数计算管道中心线时,应把出入口点作为已知点,对探测曲线进行整体校正;

(4)可通过探查载体在管道内的姿态参数或在地表接收载体发出信号的特征,计算载体的运动轨迹,构建完整的管道中心线;

(5)同一条管道应至少往返各探查一次,且两次探查结果应一致。

1. 惯性定位仪

目前,市面上惯性定位仪主要有国外(如比利时生产的 Reduct、ABM90 型陀螺仪)和国产系列产品(GXY-200、GXY-200A 系列等)。《地下管道三维轨迹惯性定位测量技术规程》(T/CAS 452—2020)对地下管道三维轨迹惯性定位测量精度要求参见表 6-3。

表 6-3　地下管道三维轨迹惯性定位测量精度要求

测量管段长度/m	平面位置中误差允许值/mm	高程中误差允许值/mm
$L \leqslant 100$	0.125	0.075
$L > 100$	$\leqslant L \times 0.125\%$	$\leqslant L \times 0.075\%$
注:测量中误差按测量管段进行统计计算		

当管线长度小于 100 m 时,《城市地下管线探测技术规程》(CJJ 61—2017)规定,水平测量误差允许值为 0.20 m,高程测量误差为 0.25 m。在实际施工中,一段惯性定位仪牵引管的长度有的近千米。按《地下管道三维轨迹惯性定位测量技术规程》(T/CAS 452—2020)的规定(表 6-3),以 1 000 m 的管线为例:

(1)水平中误差为 $L \times 0.125\% = 1\,000 \times 1\,000 \times 0.125\% = 1\,250(\text{mm}) = 1.25$ m;

(2)水平误差(2 倍中误差)为 $1.25 \times 2 = 2.5(\text{m})$;

(3)高程中误差为 $L \times 0.075\% = 1\,000 \times 1\,000 \times 0.075\% = 0.75(\text{m})$;

(4)高程误差为(2 倍中误差):$0.75 \times 2 = 1.5(\text{m})$。

可见,《城市地下管线探测技术规程》(CJJ 61—2017)中水平测量误差精度略高于《地下管道三维轨迹惯性定位测量技术规程》(T/CAS 452—2020)的规定,高程测量误差则低于《地下管道三维轨迹惯性定位测量技术规程》(T/CAS 452—2020)的规定。目前,市场销售的陀螺仪的标称精度,多数高于规程规定的精度,可以满足实际工作需要。

2. 惯性轨迹定位法对管道的要求

采用三维轨迹惯性定位方法进行管线测量时,管道应具备下列条件:

(1)对管道内的要求:管道内要干净,不能有泥土、砂石等杂物、异物,否则仪器无法通过,影响使用。管道变形,特别是严重变形时,也无法满足三维轨迹惯性定位测量。

(2)待测管道中宜事先穿好牵引缆线,用于外部牵引测量,目前牵引管道施工时已经在管道内留有牵引绳,未预留牵引绳的管道,可采用穿线器将牵引绳穿入管道,然后实施测量。

(3)当管道过长时,应至少每1 km增加一个位置控制点,以达到保证精度的要求。这一条规定主要考虑三维轨迹惯性定位测量随待测管道长度的增加,水平误差和高程误差具有累积的特性。

3. 惯性轨迹定位法操作要求

(1)在测量前,需对仪器进行全面检查,包括连接性,确认无误后方可通电,电池电量及信号灯工作正常;轮组数据工作正常,采集单元的存储容量进行检查等,按照规定进行核查,可以在有已知数据的管道进行,检查仪器的可靠性。

(2)惯性陀螺仪是靠传感器(陀螺仪、加速计等)在管道中行进姿态的变化,进行惯性测量的。测量前必须做好初始化,使仪器调整到正确的姿态,并处于稳定状态。避免较大的振动源,以免仪器内部的陀螺仪由于受到较大振动姿态发生变化,影响测量结果。

知识拓展:管道
惯性测量仪测试报告

(3)同一条管道至少要进行往测和返测各一次测量,且两次探测结果应一致,通过对两次数据处理结果,可以通过对两次测量的初始三维轨迹的曲线同里程的三维坐标按平面和高程分别计算各点的较差,并统计测量管段的中误差超差率(平面和高程的超差率既允许中误差的 $2\sqrt{2}$ 倍的点数占计算总点数的比例)均应小于 10%。

(4)对运行速度的要求,应保证角速度均匀一致,避免轨迹测量曲线的跳跃。

(5)惯性定位测量记录填写项目见表6-4。

表 6-4　惯性定位测量记录表

工程名称:　　　　　　　测量单位:

仪器型号与编号:　　　　测量日期:　　　　　　　　　　　年　月　日

序号	测量位置			起始点三维坐标			工井照片	工井剖面示意图
	管段编号	起终点	管孔编号	X	Y	Z		
1								
2								

4. 惯性定位测量成果图表

惯性定位测量成果输出包括轨迹数据图(包括工作位置图、CAD图、三维视图、二维视图等)、表及相关说明等内容。

(1)成果图(图 6-6～图 6-9)。

图 6-6　工井剖面图

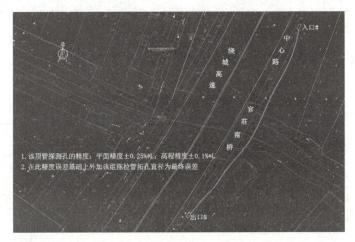

图 6-7　三维轨迹惯性定位测量 CAD 平面图

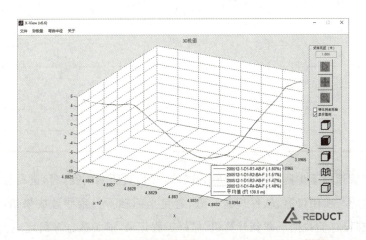

图 6-8　三维轨迹惯性定位测量 *XY*、*XZ*、*YZ* 平面 3D 视图

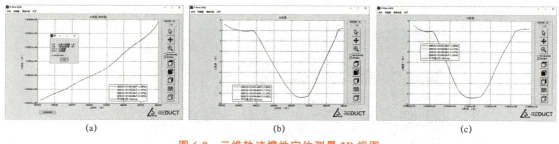

| (a) | (b) | (c) |

图 6-9　三维轨迹惯性定位测量 2D 视图

(a)X、Y 方向；(b)X、Z 方向；(c)Y、Z 方向

（2）三维轨迹惯性定位测量坐标成果表（表 6-5）。

表 6-5　电力管线三维探测管线特征点坐标（部分成果示意）　　　　　　　m

点号	北坐标(X)	东坐标(Y)	高程(H)
1	3 096 726.627	488 390.551	4.910
2	3 096 727.029	488 390.751	4.805
3	3 096 727.064	488 390.768	4.796
4	3 096 727.283	488 390.877	4.738
5	3 096 727.504	488 390.985	4.683

（3）三维轨迹惯性定位测量数据采集现场记录表（表 6-6）。

表 6-6　地下管道三维轨迹惯性定位测量数据采集现场记录表

填写：　　　　　　　　　　　　校核：

工程名称				测量单位		测量日期	
仪器型号/编号				文件夹名称		测量地点	
入（出）口	编号	X（北）	Y（东）	Z	轮组信息	轮组型号	轮组编号
入口					轮组信息	类别	管段	长度	管径/材质
出口									
测量级次	管段长度		长度比	仪器重复性指标1	仪器重复性指标2	测量过程异常情况	备注
第1组	往							
	返							
第2组	往							
	返							
第3组	往							
	返							

　　同一束牵引管道应至少测量一个孔（管），因此，必须对所测的孔（管）进行标识，并绘制断面图。坐标轴方向应与所用仪器、软件规定一致，避免坐标轴不一致导致成果错误。要求测量完成后，及时将陀螺仪存储数据下载到计算机，做好工程记录，避免数据被覆盖或丢失。

5. 惯性定位测量成果质量检查

质量检查包括外业检查(数据采集的检查)和内业检查(成果资料检查)。

(1)外业检查包括管道出入口坐标测量检查和管道三维轨迹定位测量数学精度检查。

(2)管道出入口坐标测量检查应采用同精度或高精度的方法进行重复测量,检查测量精度是否符合《城市测量规范》(CJJ/T 8—2011)的要求。

(3)管道三维轨迹定位测量的数学精度检查可采用同精度或高精度的方法进行。采用同精度方法进行检查时,宜采用重复测量的方式,有条件时,可采用等高精度检查。

(4)采用重复测量方式进行检查时,检查数据与原测量成果的较差对于不大于 $2\sqrt{2}$ 中误差的点均应参与中误差计算,参与精度统计,大于 $2\sqrt{2}$ 中误差的点视为粗差点,粗差率不应大于 5%。

(5)高精度检查时,检查数据与原测量成果较差超出 2 倍中误差即粗差,高精度检查的粗差率不用大于 10%。

(6)在粗差率合格的前提下,按测量管段分别统计平面中误差和高程中误差。平面中误差和高程中误差均应满足《城市测量规范》(CJJ/T 8—2011)规定。

(7)内业检查通过资料核查和比对分析的方法进行,比对分析是对原测量的原始数据进行重新计算,比对重新计算的三维轨迹坐标成果与原计算成果,比对精度指标的符合性。

(8)测量成果的质量评定参照《管线测量成果质量检查技术规程》(CH/T 1033—2014)的规定。

(9)不合格的成果,不得提交、验收或归档,应进行整改或返工处理,完成后应重新进行检查。

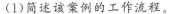

典型案例

某市一条道路直径为 200 mm 的燃气地下管线采用定向钻施工工艺,成孔后利用牵引方式进行扩孔和托管敷设。管道材质为 PE,深为 4~12.8 m,此次管线规划惯性定位测量采用美国猎鹰 F1 导向仪进行管道探测。

(1)简述该案例的工作流程。

(2)简述惯性轨迹定位法操作要求。

案例解答

6.6 管线测量质量检查

6.6.1 基本要求

对地下管线测量成果必须进行成果质量检验,质量检验时应遵循均匀分布、随地下管线图测绘精度的检查:地下管线与邻近的建筑物、相邻管线及规划道路中心线的间距较差不得大于图上±0.5 mm。质量检查工作均应填写记录,并在作业单位检查结束后编写测区质量自检报告。

6.6.2 质量评定标准

每个测区随机抽查管线点总数的 5% 进行测量成果质量的检查,复测管线点的平面位置和高程。根据复测结果按式(6-1)和式(6-2)分别计算测量点位中误差 m_{cs} 与高程中误差 m_{ch}。当重复测量结果超过限差规定时,应增加管线点总数的 5% 进行重复测量,再计算 m_{cs} 和 m_{ch},若仍达不到规定要求,整个测区的测量工作应返工重测。

$$m_{cs} = \pm \sqrt{\frac{\sum \Delta s_{ci}^2}{2n_c}} \tag{6-1}$$

$$m_{ch} = \pm \sqrt{\frac{\sum \Delta h_{ci}^2}{2n_c}} \tag{6-2}$$

式中　Δs_{ci},Δh_{ci}——重复测量的点位平面位置较差和高程较差;

　　　　n_c——重复测量的点数。

管线点与地形图测绘的数学精度评定方法是一致的,只是对中误差量化上有所区别而已。

6.6.3 检查报告

质量自检报告应包括以下 5 个方面的内容:

(1)工程概况:包括任务来源、测区基本情况、工作内容、作业时间及完成的工作量等。

(2)检查工作概述:包括检查工作组织、检查工作实施情况、检查工作量统计及存在的问题。

(3)精度统计:根据检查数据统计出来的误差,包括最大误差、平均误差、超差点比例、各项中误差及限差等,这是质检报告的重要内容,必须准确无误。

(4)检查发现的问题及处理建议:检查中发现的质量问题及整改对策、处理结果。对限于当前仪器和技术条件未能解决的问题,提出处理意见或建议。

(5)质量评价:根据精度统计结果对该工程质量情况进行结论性总体评价(优、良、合格、不合格),是否提交下一级检查等。

📝 故事链接

汶川地震灾区恢复重建测绘保障纪实

2008 年,这里大地撕裂,断壁残垣;仅仅 3 年后,这里新居如画,胜似江南。一幢幢楼房拔地而起,一条条道路穿山越水,一座座新城整洁规范……在这令人惊叹的美好画面背后,有一群默默无闻的人甘当"急先锋",为新家园的规划和重建提供了保障,他们就是广大测绘工作者。他们用手中的测量仪,从废墟和瓦砾中绘出了一幅幅充满希望的图景。巴拿恰商业街、禹王桥、抗震纪念园、羌族博物馆……如今走在新北川城里,一幢幢带有羌族特色的新楼拔地而起,与时代特色相互融汇,形成了新羌族风情。

在灾区恢复重建中,国家测绘局集合全国的测绘力量,整合全国的测绘骨干,为灾区恢复重建勾勒了蓝图。重建初期,19个重灾区的受灾情况、自然条件、文化风俗、经济发展水平都不尽相同,重建必须因地制宜、百花齐放。为了提供19个重灾区的规划底图,测绘队员不断刷新出图纪录,度过了一个个不眠之夜。广大测绘工作者开展了紫坪铺水库、成灌快铁等重要水利、交通设施的变形监测;开展了北川、汶川、都江堰等地的灾民安置点规划选址测量、土地平整测量、地下管线探测等工作;为灾区城镇体系、农业生产设施、城乡住房建设、自然资源和历史文化遗产等灾后重建规划与建设提供基础服务。

在灾后重建中,四川测绘局充分发挥测绘野战军的作用,组织实施了大量基础测绘项目,为对口援建单位制作、提供了1∶500至1∶2 000比例尺地形图约5 700 km²、53个灾区县县域影像挂图等5 000余幅,以及大量中小比例尺地形图、数字测绘产品等。"没有测绘高科技,抗震救灾、灾后重建的速度将大打折扣,测绘部门提供的产品非常有价值。"汶川地震灾害评估组组长史培军深有感触地说。在汶川恢复重建中,测绘工作者和各条战线的建设者,用坚持与奉献打造了灾区的美好未来,创造了人间奇迹。

资料来源:中华人民共和国自然资源部

思考与练习

一、填空题

1. 管线点可分为_____和_____两类。

2. 地下管线点空间位置测量包括_____和_____。

3. 管线点平面位置测量中误差不大于_____。

4. 隐蔽管线点埋深中误差不大于_____。

5. 对于规划道路,一般测出两侧第一排建筑物或红线外_____m为宜。

二、判断题

1. 水平测量误差允许值为0.25 m。 ( )

2. 质量检查包括外业检查(数据采集的检查)和内业检查(成果资料检查)。 ( )

3. 管道安装测量工作,每间隔30～50 m时应做一次支导线测量。 ( )

4. 平面控制点的等级不应低于三级。 ( )

5. 永久性的电力线、通信线均应准确表示,电杆、铁塔位置应实测。 ( )

三、简答题

1. 已有地下管线测量的测量内容包括什么?

2. 管线测量特征点一般包括哪些点?

3. 简述管线测量极坐标法的施测方法。

4. 简述野外数据采集的4种模式。

5. 什么是管线放线测量？简述放线测量的 4 种方法。

6. 管线竣工测量需编制和提交哪些成果？

7. 简述综合管廊地面地下联系测量方法与技术要求。

8. 简述惯性轨迹定位法的操作要求。

项目 7

数据处理及管线图编绘

教学要求

知识要点	能力要求	权重
认识数据处理与管线图编绘	熟悉地下管线测量数据处理与管线图编绘的工作流程;了解数据处理与管线图编绘工作的主要内容	20%
建立管线测量数据库	了解管线属性数据库和空间数据库的建立、合并的要求;了解数据库检查与排错的作用、方式	15%
编绘管线图	熟悉管线图编绘的工作内容、注意事项;了解基础地形图在编绘管线图中的应用;熟悉综合地下管线图、专业地下管线图、地下管线断面图的编绘内容和基本要求	25%
编制地下管线成果表	了解地下管线成果表编制的原则	10%
学习地下管线数据处理软件	熟悉地下管线数据处理软件的基本功能;熟悉 CASSPIPE 系统的软件安装、主要功能与操作	30%

项目描述

地下管线测量工作完成后,在将数据导入管理信息系统之前,必须对测量数据进行必要的处理,形成满足要求的数据与图形文件。

测绘行业人员利用科学手段,编制计算机数据成果文件和编绘地下管网线图(综合管线图、专业管线图等),同步建立地下管线数据库,为实现地下管线的动态数据管理奠定工作基础。

职业能力目标

开展地下管线测量数据处理及管线图编绘等相关工作,需要熟悉数据处理与管线图编绘的工作流程、工作内容和基本要求,能够操作地下管线测量数据处理软件进行管线数据的处理,完成管线图的编绘。学习本项目内容后,应该达到以下目标:

(1)熟悉数据处理与管线图编绘的工作流程;

(2)了解管线数据库的建立、合并、检查与排错;

(3)熟悉管线图编绘的工作内容和注意事项,具备综合地下管线图、专业地下管线图、地下管线断面图编绘的知识和能力;

(4)了解地下管线成果表编制的原则;

(5)熟悉地下管线数据处理软件的基本功能,能够操作地下管线数据处理软件进行管线数据处理及管线图编绘。

典型工作任务

认识地下管线测量数据处理与管线图编绘的工作内容;掌握测量管线数据处理、管线图编绘的方法;熟悉地下管线测量成果表编制的基本要求;学习地下管线测量数据处理软件的操作。

情境引例

2008年8月,我国举办了第二十九届夏季奥运会。在拔地而起的新建奥运场馆的背后,是无数测绘工作者打造的北京奥运村地理资源信息系统,成为体现中国主办本届奥运会管理水平的标志之一。

该地理资源信息的管理系统涵盖了奥运村房屋、地籍、道路、地下管线及设施、消防安全保障设施等,是由测绘人员完成控制测量、地形图测量和道路铺装、绿化调绘、专业管网测量。测绘人员首先在测区周边布设了4个E级静态GPS点作为首级平面控制点,在此基础上,采用动态GPS技术布设了43个测图控制点,随后按四等水准精度要求施测了首级高程控制点位,在首级控制网下沿小区内部道路布设了47个图根点,采用全野外数字化测图法施测了地形图。他们还对各种管线进行了实地调查,对有检修井的可见部分进行逐井调查与量测,对于金属管线的隐蔽部分先采用金属管线探测仪进行探测,再对管线进行测量,编绘成数字化管线图及管线测点成果表,最后建立奥运村地理资源信息系统数据库,包括各种管线子库、建筑物子库、道路子库,建库依据为地形图、管网测绘成果、道路铺装、绿化等资料。地理资源信息系统建库的建立,既为奥运村的日常管理和奥运会的安全顺利进行提供了技术支持,也为奥运村今后的运营管理提供了科学、翔实的数据和图纸资料。

在进行地下管线数据处理及管线图编绘时,首先要能够理清工作流程,将测绘获取的数据运用下管线数据处理软件进行数据预处理,达到技术要求,在熟悉综合地下管线图、专业地下管线图、地下管线断面图编绘内容和基本要求的基础上,利用计算机采用人工录入或计算机导入等形式建立数据库文件,满足地下管线信息管理系统的要求,以便于地下管线信息的查询、检索和资料的应用,为实现地下管线的动态数据管理奠定工作基础。

7.1　认识数据处理与管线图编绘

地下管线测量工作完成后,在将数据导入管理信息系统之前,必须对测量所获数据进行处理,形成满足要求的数据与图形文件。地下管线测量数据处理与管线图编绘工作流程如图 7-1 所示。

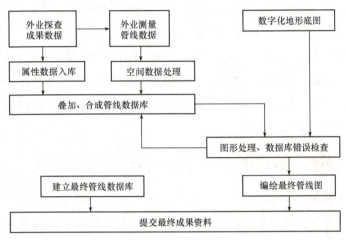

图 7-1　地下管线测量数据处理与管线图编绘工作流程

7.1.1　数据处理

数据处理包括地下管线属性数据的输入和编辑、元数据和管线图形文件的自动生成等;数据处理后的成果应具有准确性、一致性和通用性;地下管线元数据,应能从图形文件和数据库中部分自动获取,并能对其进行编辑、查询、统计。

7.1.2　管线图编绘

地下管线图包括综合地下管线图、专业地下管线图和地下管线断面图。管线图编绘是在地下管线数据处理工作完成并经检查合格的基础上,采用数字化方法成图。数字成图编绘工作应包括比例尺的选定、数字化基础地理图和管线图的获取、注记编辑、成果输出等内容。

7.2　建立管线测量数据库

建立地下管线测量数据库是将外业获取的管线属性数据和空间数据,利用计算机采用人工录入或计算机导入等形式建立数据库文件。数据库的结构和文件格式应满足地下管线信息管理系统的要求,便于查询、检索和应用。管线数据库是后续管线管理工作的基础,是内业工作的核心。各种管线图和成果表都是由数据库生成的。因此,建立数据库是非常重要的。

地下管线测量获取的数据包括属性数据和空间数据(图形数据)两部分。管线点测量工作

141

完成前,先由数据处理人员将地下管线探测记录表(探测手簿)中的信息录入计算机,完成数据库中的属性数据录入。管线点测工作完成后,将管线点坐标追加(合并)到数据库中,形成完整的管线数据库。数据库通常采用 Access 的 *.mdb 格式或 Visual FoxPro 的 *.dbf 格式。

7.2.1 属性数据库的建立

属性数据主要指管线的权属单位、管线点编号、管线类别(性质)、材质、规格(直径或断面尺寸)埋深、载体特征、电缆条数、孔数(总数和已占用数)、附属设施、管线的埋设时间等。根据用途和要求不同,不同城市对属性数据的要求也不同。

建立属性数据库文件,要利用外业物探工作图(工作草图)和地下管线探测记录表(探测手簿),采用专门的数据库软件,把物探外业调查的各种属性数据依据界面提示内容逐项填写,形成探测数据文件。因建库工作量巨大,操作人员要仔细、认真地检查核对,防止数据录入错误,录入的数据要及时存盘备份。

7.2.2 空间数据库的建立

1. 管线要素的编码

空间数据指管线点的平面位置和高程,即管线点的三维坐标。空间数据库就是管线点坐标数据文件。在管线管理系统建设过程中,管线的分类和编码是一项标准和规范化的工作。数据分类和编码的对应性直接影响管线管理系统的规范性、实用性、未来数据的完整性、共享性等问题,以及数据的更新和维护。

(1)城市地下管线的分类按管线大类和小类分别表示,管线代号采用管线类别汉语中文拼音首字母表示,管线大类代码应采用1位数字表示,管线小类代码应采用2位数字表示。

(2)管线点采用8位两段组合结构进行编号;第1位、第2位为管线小类代号,第3位至第8位为标识管线点的顺序号,用6位数字表示。

(3)管线段可采用该段管线的起止管线点编号组合表示,第1位至第8位为起始管线点的编号,第9位为"一",第10位至第17位为终止管线点的编号。

(4)管线面可采用6位"字母+数字"进行编号表示,其中,第1位、第2位为管线小类代号,第3至第6位为标识管线面的顺序号,用4位数字表示。

(5)管线要素应在管线分类基础上,按照功能或用途进行分类。管线要素分类编码由管线的基础地理信息要素代码、管线分类代码和管线要素代码组成,用8位数字表示,第1位是国家基础地理信息要素分类中的管线代码,1位数字,为"5",第2位是管线大类码,1位数字,用于表示管线类别,第3、4位是管线小类码,2位数字,用于表示管线小类,第5位是要素类型码,1位数字,区分不同的管线要素类型,第6位是管线点类型码,1位数字,区分不同的管点,第7,8位是自然顺序码,2位数字。具体规定可参考《城市地下管线探测技术规程》(CJJ 61—2017)相关条文和附录。

知识拓展

管线要素编码规则(选取部分)见表7-1。

表7-1 管线要素编码规则(选取部分)

位数 / 含义 / 类别	1	2	3~4	5	6	7~8
	国家基础地理信息要素分类中的代码	类别码(大类码)	子类代码	要素类型码	管线点类型码	要素序号
给水	5	1	原水 01 输水 02 中水 03 配水 04 直饮水 05 消防水 06 绿化水 07 循环水 08	1—线 2—点 3—面	1—特征 2—附属设施 3—其他特征 (要素类型码为"1"时,管点类型码为"0")	01~99
排水	5	2	雨水 01 污水 02 河流 03 其他 99			
燃气	5	3	煤气 01 液化气 02 天然气 03			

2. 专题数据文件

地下管线核验测量与竣工测量可分别形成两个专题数据文件,分别提交规划管理部分和地下管线数据库管理部门,满足不同的需要。

数据文件要按规划核实数据、竣工测量数据,以管线点、线、面、辅助点、辅助线和注记区分不同数据类型,划分和命名数据图层。数据处理根据需要分别确定相应的字段数量、字段名称、字段类型、字段长度、小数位数、完整性约束、阈值。每种数据类型中的字段名称或其语义不得重复。表示坐标、高程、埋深、角度的字段类型应采用数值型,表示时间的字段类型应采用文本型或日期型,其他字段的字段类型应采用字符型。字段长度、小数位数、完整性约束、阈值应满足可完整描述内容的需要。非空字段应全部填写,可空字段可选择填写。数据处理形成的管线数据文件应经过拓扑检查和属性检查,管线属性信息应与地下管线竣工测量原始记录相一致。

在实际作业时,操作人员应把每天的测量数据,利用通信软件将存储在全站仪上的管线点坐标传输到计算机,编辑后形成测点文件。测点文件一般采用3种格式存储到测区数据库表"测量库"中,即txt文件格式(∗.txt)、dbf文件格式(∗.dbf)、mdb文件格式(∗.mdb)。数据格式一般如下:

(1)管线点号 $1, x_1, y_1, h_1$ ；

(2)管线点号 $2, x_2, y_2, h_2$ ；

(3)管线点号 $3, x_3, y_3, h_3$ ；

(4)管线点号 n, x_n, y_n, h_n 。

7.2.3 数据库的合并

属性数据库和管线点坐标数据库(空间数据库)的公共部分是管线点号(物探外业编号)。利用这一特点,采用专业软件提供的数据合并功能,将测量坐标自动追加(合并)到属性库中,把属性数据库与空间数据库按照管线点一一对应的原则合并成一个完整的管线数据库。

7.2.4 数据库的检查与排错

在利用数据库作图之前,需要对数据进行一致性检查,并对发现的问题查明原因进行改正。利用专业软件的查错功能,对数据库进行全面检查,检查数据库内部是否有连接关系错误、管径矛盾、代码错误、格式错误,管线点距是否相互矛盾,有无空项、坐标缺失等,并进行改正,排除数据错误。

利用专业软件的查错功能,可自动生成错误信息表,作业员应根据错误信息表及时对数据进行核查,修正错误,为编绘管线图做准备。

📖 **故事链接**

中国古代排水管网的设计与建设

中国古代排水管网起源很早,大致而言主要有两种类型:一是依靠城中沟渠排水;二是凭借城内河道排水。两者互为补充,相得益彰。较为完善的古代排水系统,从一个侧面反映了中华文明的繁荣,其所彰显的工匠精神历久弥新。

早在先秦时期,就出现了淮阳平粮台古城遗址中的陶制排水管道、二里头木结构排水暗沟、偃师商城石砌排水暗沟、安阳殷墟陶土排水管道、周原卵石排水暗沟等遗迹。其中,平粮台陶土排水管道是目前中国发现最早的排水系统,距今已有4 300多年。

秦汉时期,排水系统的建设开始日益普遍。杜牧在《阿房宫赋》中云:"渭流涨腻,弃脂水也。"阿房宫内嫔妃宫女排出的洗脸脂水使渭水上漂浮一层油腻,说明秦朝宫殿的排水系统与渭水是相通的。当时,修建阿房宫下水道时,采用的是五边形陶土管。较之方形管道结构,这种管道结构能更好地承受来自路面的压力。在西汉长安城遗址中的未央宫、长乐宫等处都发掘出大量排水管道。有些水道末端排水口处,还设有渗井,以确保暴雨之后不积水。

唐代,长安城西内苑不仅建有排水沟渠,还建有多种类型的铁质镂空闸门,分别拦截大小不一的垃圾,既保证了管道通畅,也避免了垃圾排向城外河流后污染水质;宋代,人们对城市排水防灾的认识进一步深化。北宋苏州人朱长文有感于苏州城纵横交错的水道,如是说:"城中,众流贯州,吐吸震泽……盖不如是,无以泄积潦,安居民也。故虽有泽国,而城中未尝有垫溺荡析之患。"陆游《老学庵笔记》卷六载:"京师沟渠极深广,亡命多匿其中,自名为'无忧洞'……国初至兵兴,常有之,虽才尹不能绝也。"唐代东京城地下的排水沟渠之宽阔、深长,由此可以想见。明清时期,对排水系统也十分重视,京城内外均兴建有相对完备的排水系统,当时修建的600多条排水管道至今仍在发挥作用。

正因为古代工匠的敬业精神,历史上才留下了诸多惠及后人的不朽工程。宋人王巩《闻见近录》记载,宋时"汴河旧底有石板、石人,以记其地理。每岁兴夫,开导至石板、石人以为则"。汴河每年都要进行疏导清理,为确保河流畅通,不受淤泥阻滞,每次疏浚时都要求清理到河底的石板、石人才完工。如此大的作业量,皆由民夫完成,而且年年如此,风雨无阻。民夫的敬业精神由此可见一斑。

7.3 编绘管线图

地下管线数据处理与编绘成图是一项烦琐而复杂的工作,涉及物探、测量和计算机等方面的知识。地下管线数据库具有数据量大、属性内容多等特点。

在地下管线探测工作中,经过物探和外业测量工序对地下管线进行前端数据采集,内业工序对地下管线的空间数据和属性数据分别建库,然后通过计算机程序首先自动检查,后将空间数据库和属性数据库进行合并,生成地下管线数据库,并对数据进行处理。

数据处理包括对地下管线数据的输入、编辑和修改,元数据和管线图形文件的自动生成等操作过程。地下管线元数据生成应具有从图形文件和数据库中部分自动获取及编辑、查询、统计的功能。数据处理后的成果应具有准确性、一致性和通用性。

在地下管线数据处理工作完成并经检查合格的基础上,利用专门的成图软件,由数据库直接生成管线图,并进行地下管线图的编绘工作。

7.3.1 编绘管线图的工作内容

编绘工作应包括比例尺的选定、数字化地形图的导入、注记编辑、成果输出等。比例尺的选定应与作为背景图的城市地形图的比例尺一致,否则应进行地形图的缩放与编绘。文字、数字的注记与编辑应视管线图上的管线密集程度而定,可适当进行取舍。成果输出全部由计算机自动生成。

7.3.2 编绘管线图的注意事项

1. 管线图注记

在综合地下管线图中,对于地下管线特别密集的路口或重要地段,应单独制作地下管线放大图,放大图中管线点号、路名、单位名称等均应按规程的要求重新注记。

在专业地下管线图中,除进行重新注记外,应标注专业管线的相关属性。

2. 管线图的比例尺、图幅规格

综合地下管线图和专业地下管线图的比例尺、图幅规格及分幅应与城市基本地形图一致。一般在主要城区采用 1∶500 比例尺;在城市建筑物和管线稀少的近郊采用 1∶500 或 1∶1 000 比例尺;在城市外围地区采用 1∶1 000 或 1∶2 000 比例尺。

当地形图比例尺不能满足地下管线成图需要时,需对现有地形图进行缩放和编绘。如果地形图是全野外数据采集而获得的,在放大 1 倍时,地物点精度不丢失,但文字注记、高程注记、个别独立地物等需要重新编辑;比例尺缩小时也是如此。如果地形图是采用现有的数字化图或原图数字化的,其放大后的精度可能较低,不能满足地下管线成图的要求,应慎用。

7.3.3 基础地形图在编绘管线图中的应用

1. 对基础地形图的要求

受各地客观条件的限制,测绘基础较好的城市,其地形图的数字化程度较高,精度也很高,能够满足地下管线成图的各种要求;测绘基础较为薄弱的城市,采用的基础地形图通常是将纸质图进行数字化,精度较低,使用前应先检查,合格后方能使用。

编绘管线图用的基础地形图应符合下列要求:

(1)比例尺应与所绘地形底图的比例尺一致;

(2)坐标、高程系统应与管线测量所用系统一致;

(3)图上地物、地貌基本反映测区现状;

(4)质量应符合《城市测量规范》(CJJ/T 8—2011)的技术标准;

(5)数字化管线图的数据格式应与数字化地形图的数据格式一致。

2. 基础地形图的获取

数字化基础地形图有 3 种获取手段,即采用现有的数字化图、原图数字化或数字化测图。基础地形图在使用前应进行质量检查,当不符合《城市地下管线探测技术规程》(CJJ 61—2017)规定时,应按《城市测量规范》(CJJ/T 8—2011)进行实测或修测。

3. 基础地形图的应用

数字化基础地形图的要素分类与代码宜按现行国家标准《基础地理信息要素数据字典 第 1 部分:1∶500 1∶1 000 1∶2 000 比例尺》(GB/T 20258.1—2019)的要求实施。

展绘管线使用的数据或数字化管线图的数据,宜采用地下管线探测采集的数据或竣工测量的数据。在编辑地下管线图的过程中,应删去基础地形图中与实测地下管线重合或矛盾的管线、建(构)筑物。

7.3.4 综合地下管线图编绘

1. 编绘原则

综合地下管线图的编绘应遵循分层管理的原则,主要可分为地形层和管线层两大类。但

具体到每一项工程中,则要视当地的具体要求而确定对应的地形、管线图层。例如:

(1)在地形层中,又可分为控制点、居民地、道路、水系、植被、独立地物、文字注记等图层;

(2)在管线层中,按专业可分为给水、排水、燃气、电力、通信、热力、工业等图层。

也可按权属单位进行分层,在各权属单位管线层中又按各注记分层,各种专业管线放在*L层,管线点、窨井等点符号放在*P层,图上标注放在*T层,扯旗放在CQ层,双线沟(箱涵)的边线放在*B层,具体按《城市地下管线探测技术规程》(CJJ 61—2017)的要求进行。

2. 编绘内容

综合地下管线图的资料涵盖综合地下管线图、专业地下管线图及地下管线断面图等。

(1)综合地下管线图的编绘主要包括以下内容:

1)各专业管线。在综合地下管线图上应按照规程规定的代号、色别及图例,用不同的符号和着色表示。

2)管线上的建(构)筑物。如给水管线中的泵房、储水池等,电力管线中的变压器、路灯等,通信管线中的电信箱、路边电话亭等。

3)地面建(构)筑物。作为地下管线图的背景图,地形层中应标示出能够反映地形现状的地面建(构)筑物,以作为管线相对位置的参照。

4)铁路、道路、河流、桥梁等。

5)其他主要地形特征。

(2)专业地下管线图的编绘主要包括以下内容:专业地下管线图应绘制出管线有关的建(构)筑物、地物、地形和附属设施。编绘时应增加有关属性注记内容,应沿管线走向注记,但注记压盖建筑物、管线及其附属设施符号时,可适当旋转一定角度。对地形变化点,必须加注高程。

1)给水管线。窨井中的阀门,以阀门表示;窨井中阀门与水表在一起时,用水表表示;管径小于100 mm的给水管可不表示,但窨井必须按地物表示。

2)燃气管线。阀门井用阀门符号表示,管线经过的井盖用管线点符号表示,余下井盖用地物窨井符号表示。

3)电力管线。预留管沟(无线)测出中心位置,以虚线连接(供电颜色),扯旗注"空沟",专业图上注"空沟"。供电杆边有供电线上杆时,供电杆用物表示,杆位表示上杆位置,用管线点符号加箭头表示上杆。

4)通信管线。管块不标孔数,权属单位不同、紧挨着的管块,施测时用条管线处理。在"成果表示附属物"栏中,预埋管块(无线)测出窨井,并以虚线表示(用通信颜色)。通信杆边有通信线上杆时,通信杆用地物表示,杆位表示上杆位置,用管线点符号加箭头表示上杆。

5)管线终止。用规定图例预留口表示。排水起始、终止并用排水窨井加半圆表示,开口方向为流向。管线进入非普查区的去向用虚线(实部2 mm,虚部1 mm)表示,长度为8 mm。属于探测范围的用变径符号,不属于探测范围的用终止符号。

6)管沟。按比例以虚线绘出边线,井盖不在中心的用地物表示,沟内注记"综合管"(用黑颜色),线条用黑色,管线点标在沟中心线上,但图面上不连接。

(3)地下管线断面图通常可分为地下管线纵断面图和地下管线横断面图两种,一般只要求做出地下管线横断面图。地下管线断面图的编绘主要包括以下内容:

1)地下管线断面图应表示的内容:断面号、地形变化、各种管线的位置及相对关系、管线高程、管线规格、管线点水平间距等。

2)纵断面图应绘出地面线、管线、窨井与断面相交的管线及地上(地下)建(构)筑物。还应标出名各测点的里程桩号、地面高、管顶或管底高、管线点间距、转折点的交角等。

3)横断面图应表示的内容包括地面线、地面高、管线与断面相交的地上(地下)建筑物,并标出测点间水平距离、地面高程、管底和管顶的高程、管线规格等。

3. 编绘前应取得的资料

(1)测区基础地形图或数字化基础地形图。

(2)综合管线图路面要注记的铺装材料,草地植被符号配置采用整列式表示,散树、独立树等采用相应式表示。

(3)数据处理完成并经检查合格的地下管线探测或竣工测量管线图形和注记文件。注意:当管线上下重叠或相距较近,且不能按比例绘制时,应在图内以扯旗的方式说明。扯旗线应垂直于管线走向,扯旗内容应放在图内空白处或图面负载较小处。扯旗说明的方式、字体及大小宜符合《城市地下管线探测技术规程》(CJJ 61—2017)的规定。

4. 综合地下管线图上的注记要求

(1)图上应注记管线点的编号。管线图上的各种注记、说明不能重叠或压盖管线。地下管线点的图上编号,在本图幅内应进行排序,不允许有重复编号。编号不足 2 位的,数字前加 0 补足 2 位。

(2)各种管道应注明管线的类别代号及管线的材质、规格、管径等。

(3)电力电缆应注明管线的代号、电压。沟埋或管埋时,应加注管线规格。

(4)通信电缆应注明管线的代号、管块规格和孔数。直埋电缆应注明管线代号和根数。

目前,通信管线又细分为移动、联通、铁通、网通、交警信号等子类。在标注时,应将其分别标注。

(5)注记字体大小为 2 mm×2 mm。

📝 知识拓展

管线图注记具体要求

综合地下管线图和专业地下管线图的图廓整饰应包括图名、作业单位、比例尺、图幅结合表。管线图上注记应符合表 7-2 的规定。

表 7-2　管线图注记要求

类型	方式	字体	字高	标注要求
管线点号	字符、数字混合	正等线	2	字朝正北
管段标注	字符、数字混合	正等线	2	平行于管线走向,字头垂直于管线指向图的上方
扯旗标记	字符、数字混合	细等线	3	—
断面号	罗马数字	正等线	3	由断面起、讫点号构成断面号,如 Ⅰ—Ⅰ′
接图表	数字	细等线	1.5	

5. 综合地下管线图中的局部放大图

在综合地下管线图中,对于地下管线特别密集的路口或重要地段,当图上点号太密时,点号移动之后,可能无法找到对应的点位。遇到这种情况,应单独制作地下管线图局部放大,且图中的管线点号、路名、单位名称等均应按要求重新注记。

另外,剖面方位与注记,应严格遵照地形图图式、字序规范绘制。

7.4　编制地下管线成果表

地下管线成果表,通常由计算机自动生成并完成编制。根据具体要求不同,成果表又可分为地下管线成果表、地下管线点成果表,也可以形成一个总的成果表。地下管线成果表的编制应遵循以下原则:

(1)地下管线成果表应依据绘图数据文件及地下管线的探测成果编制,其管线点号应与图上点号一致;

(2)地下管线成果表的编制内容及格式应符合《城市地下管线探测技术规程》(CJJ 61—2017)的要求;

(3)编制成果表时,对各种窨井坐标只标注井中心点坐标,但对井内各个方向的管线情况应按《城市地下管线探测技术规程》(CJJ 61—2017)的有关要求填写清楚,并应在备注栏以邻近管线点号说明方向;

(4)成果表应以城市基本地形图图幅为单位,分专业整理编制,并装订成册;

(5)每一图幅各专业管线成果的装订应按下列顺序执行:给水、排水、燃气、电力、热力、通信(通信、网通、移动、联通、铁通、军用、有线电视、电通、通信传输局)、综合管沟。成果表装订成册后应在封面标注图幅号并编写制表说明;

(6)地下管线成果表文件可分为管线点成果表文件(.xls)、管线数据库文件(.mdb)和管线图形文件(.dwg)。

7.5　学习地下管线数据处理软件

地下管线数据处理所采用的软件可按实际情况和需要选择。目前,数据处理软件通常由地下管线探测单位自行编写,但基本上是在通用的软件开发平台上进行二次开发的,如 AutoCAD、中望 CAD 等。目前,国内外可用于数据处理与管线图编绘的软件在功能上虽各有不同,但均具备数据输入或导入功能、数据入库检查与排错、数据处理、图形编辑、成果输出、数据转换等基本功能。

7.5.1　地下管线数据处理软件基本功能

地下管线数据处理软件通常具有以下 6 大功能。

1. 数据录入功能

管线属性数据的输入和空间数据(测量数据)的导入。软件应具有不同格式的数据输入计算机的功能,当前较常用的数据格式为 *.mdb 格式。数据录入一般有以下两种方式。

(1)物探库过渡录入方式:界面和外业记录表格一致,方便直观,便于前期大批外业数据的录入、查错和修改。

(2)直接分离点线录入方式:将物探数据直接分离为点记录和线记录,便于管线内业数据的后期处理和修改。

2. 数据查错功能

对数据库中的数据进行常规错误检查。允许自定义数据查错的种类和方式,具有错误记录定位功能,便于错误记录的改正。

3. 管线数据处理功能

根据已有的数据库自动生成管线图形、注记,以及管线点、线属性数据库,实现图库联动。

(1)图库联动。在图形中可直接对数据库进行查询、修改,而且用户对数据库的修改可直接反映到管线图形中,并能自动更新图形中的符号、注记等相关属性。

(2)管线成图自定义。允许自定义管线成图的"图层设置""字体设置""线型设置""注记设置""图廓设置""扯旗设置"等。

4. 图形编辑功能

对管线图形、注记进行编辑,包括对管线图按任意区域的裁剪或拼接。

(1)图上点号注记。图上点号的注记可以自动注记,也可采用手工注记的方式。注记应遵循一定的顺序或原则,并应具有点号寻找功能,即通过图上点号或外业点号在图面上定位。

（2）管线图裁剪、拼接与分幅。可对管线图按任意区域进行裁剪或拼接，也可按照标准分幅原则进行管线分幅。标准分幅时，可以分出单个图幅，也可以分出多个图幅，其中的图幅号调用的是数据库的"图幅信息"表中的内容。裁剪或拼接管线图或标准分幅管线图，均应具有自动切边功能，并能够自动整饰图幅。

（3）管线加点。在线上加管线点，自动将所加的点追加到数据库点表中，并修改线表中相关线段的连向，适用管线点间距超长的情况。绘制的管线点只有坐标和物探点号属性，其他属性可利用"属性复制"配合"属性查询与修改"模块来完成属性录入，所绘制的管线点高程需要在查图中确认修改。

（4）属性查询与修改。通过起始点号和终止点号读取数据库中相应线表的属性，可以修改该属性内容，同时对数据库进行修改和保存操作。单击管线点进行要素选取操作可以查询到被选点的相关属性，如果将管线特征及附属物的数据类型进行调整，图上管线点的符号也会随之发生改变。

（5）管线的标注。管线的标注包括专业管线标注、管线扯旗、插入排水流向。即可以实现专业管线标注的自动标注和手工标注；对综合图可以自动进行管线扯旗标注；根据数据库内数据，自动插入排水流向符。

（6）长度统计。统计管线的三维长度，并进行报表输出。

（7）图廓整饰。通过点取图幅内的点，自动插入图框，并注记四角坐标和图幅号。

（8）生成图幅信息。通过从屏幕点取测区范围，或手工输入测区范围，自动生成图幅信息，同时在图幅内画出接合表。

5. 成果输出

具有绘制任意多边形窗口内的图形与输出各种成果表的功能。

6. 数据转换

具有开放式的数据交换格式，能够实现与管线信息系统的数据转换。

知识拓展

管线图注记要求

管线数据交换宜采用《信息技术 地下管线数据交换技术要求》（GB/T 29806—2013）规定的格式，交换数据应符合下列规定：

（1）数据内容应包括交换格式与版本、编码标准、坐标与高程信息，管线的点、线、面数据和其他属性及相关描述信息；

（2）使用的坐标系统、高程基准应符合《城市地下管线探测技术规程》(CJJ 61—2017)第 3.0.4 条的规定；

（3）管线要素分类与编码应符合《城市地下管线探测技术规程》(CJJ 61—2017)附录 F 的规定；

（4）管线属性数据结构应符合《城市地下管线探测技术规程》(CJJ 61—2017)第 7.2.9 条的规定。

7.5.2 CASSPIPE 系统功能与操作

CASSPIPE 3.0 是一款基于 AutoCAD 平台，实现综合管线成图和入库更新的前端处理系统。功能涵盖管线内业作业所需的管线数据导入、成图、编辑、分发、质检、入库、更新等工作流程。下面以 CASSPIPE 3.0 为例介绍管线数据处理与管线图编绘软件的功能及使用。

知识拓展：南方管线测量系统

1. 软件安装

（1）安装 AutoCAD。CASSPIPE 3.0 支持 AutoCAD 2010～2014 平台，安装完成后，确保 CAD 能正常运行再进行 CASSPIPE 3.0 安装。安装过程参照 AutoCAD 官方教程。

（2）安装 CASSPIPE 3.0。以管理员身份运行 CASSPIPE 3.0.exe，按照安装引导进行安装（图 7-2）。

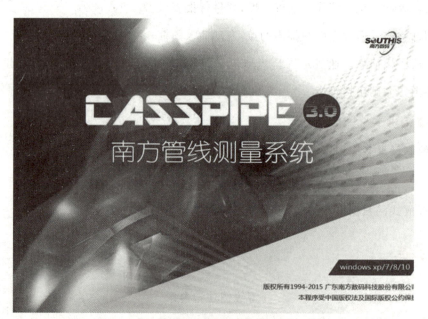

图 7-2　CASSPIPE 安装界面

（3）安装软件锁。CASSPIPE 3.0 使用深思软件锁，在安装 CASSPIPE 前请安装深思软件锁驱动（按照引导安装即可），并确认已经获得 CASSPIPE 授权（图 7-3）。

2. CASSPIPE 的主要功能与操作

（1）管线成图（图7-4）。

图 7-3　CASSPIPE 软件锁驱动安装界面　　图 7-4　"管线成图"菜单栏

1）读取全站仪数据。

①功能：将电子手簿或全站仪内存中的数据传入CASSPIPE，并形成 CASSPIPE 专用格式的坐标数据文件。

②操作：执行"读取全站仪数据"命令，弹出"全站仪内存数据转换"对话框。单击右边下拉箭头，选择电子手簿或带内存全站仪的类型。设置通信参数（包括通讯口、波特率、数据位、停止位和校检等几个选项，设置时应使全站仪的以上通信参数和本软件的设置一致）之后单击"转换"按钮即可（图7-5）。

图 7-5　读取全站仪数据

2）展点号。

①功能：读取指定的坐标文件，批量在当前图形中展绘测量点位和点号。

②操作：执行"展点号"命令，单击"读取文件"展绘测量点（图7-6）打开管点数据，单击"导入"按钮。出现如下提示：

命令：zdh

绘图比例尺 1：＜500＞

导入 130 个点正在重生成模型。

导入结果如图7-7所示。

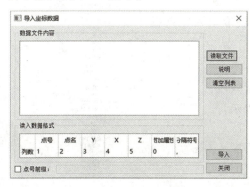

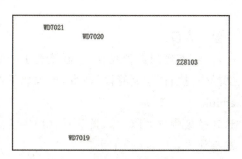

图 7-6　导入测量数据　　　　　　　　图 7-7　导入结果

3)展点样式。

①功能:更改展绘测量点的样式。

②操作:执行"展点样式"命令,单击想要的样式,单击"确定"按钮(图7-8)。出现如下提示:

ddptype 正在重生成模型。

正在重生成模型。

修改符号样式结果如图7-9所示。

图 7-8　展点符号样式

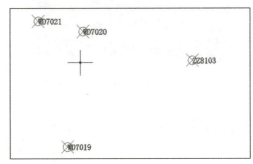

图 7-9　修改符号样式结果

4)绘制管点。

①功能:在指定坐标位置,绘制管点符号。

②操作:执行"绘制管点"命令,弹出"绘制管点"对话框。选择管线类型,搜索或在图例中选择管点符号,填写物探点号,单击"绘制"按钮即可开始绘制管点(图7-10)。出现如下提示:

addpp

请输入管点位置:

绘制窗口如图7-11所示。

图 7-10　"绘制管点"界面

图 7-11　绘制窗口

管点的地面高程等属性字段由软件自动获取填入管点属性表(图7-12)。

5)绘制管段。

①功能:连接同类管线点,绘制该类别的管线段。

②操作:执行"绘制管段"命令,出现如下提示:

addpl

请选择绘制方式[(0)选择管点/(1)直接点选]:<0>0

选择管点:

下一管点:

图 7-12　管点属性面板

绘制管段结果如图 7-13 所示。

管线段绘制完成,在属性面板录入相应的管段属性信息(图 7-14)。

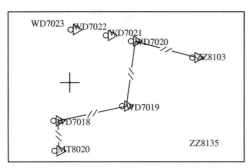

图 7-13　管段绘制

图 7-14　管段属性

6)入户绘制。

①功能:绘制管段,允许绘制的点不是管点。

②操作:执行"入户绘制"命令,出现如下提示:

addpl

请选择绘制方式[(0)选择管点/(1)直接点选]:<0>1

拾取点坐标:

忽略倾斜、不按统一比例缩放的对象。

拾取下一点坐标:

入户绘制结果如图 7-15 所示。

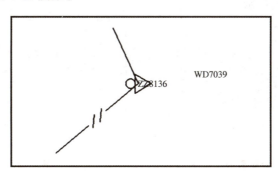

图 7-15　入户绘制结果

7)追加管段。

①功能:将指定的管线点,添加到目标管线段。

②操作:执行"追加管段"命令,选择管段,选择被插入的管点。出现如下提示:

apppl

选择管段

拾取插入管点的位置:

追加管段结果如图 7-16 所示。

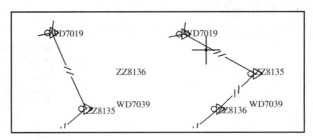

图7-16　追加管段结果

8)修改管点属性。

①功能:修改所选管点或管线的属性。

②操作:执行"修改管点属性"命令,选择修改管点还是管线,选择对象,弹出"属性修改"对话框(图7-17)。双击相应的值即可进行修改,出现如下提示:

modifyAttribute 请选择[(0)管点/(1)管线]:<0>

选择对象:找到1个

图7-17　修改管点属性

9)导入外业表格成图。

①功能:软件通过导入外业调查表格,自动绘制管线点、管线段。

②操作:执行"导入外业表格成图"命令,弹出"探查记录表"对话框。单击"预览"按钮添加数据,在下拉框选择点表和线表,单击"导入"按钮即可自动生成管点、管线(图7-18)。出现如下提示:

命令:READWYTCJLB

导入成果如图7-19所示。

图7-18　导入外业表格

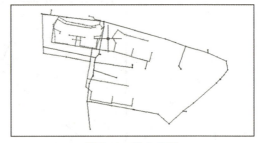

图7-19　导入成果

需要注意的是,点表必填字段包括管线点编号(为物探点号)、特征、附属物、X坐标、Y坐标、地面高程等(图7-20)。

	A	B	C	D	E	F	G	H	I
	管线点编号	特征	附属物	X坐标	Y坐标	地面高程	图幅号	井深	
	GS018420	一般管线点		471982.12	3621197.9	22.500	1	4	
	GS011160	一般管线点		471997.20	3621720.3	0.000	2	5	
	GS011160	一般管线点		471997.70	3621721.6	0.000	3	4	
	GS010933	一般管线点		472459.66	3621510.3	22.650	4	4	
	GS010933	一般管线点		472460.45	3621510.0	22.217	1	4	
	GS010933	一般管线点		472459.91	3621511.4	22.615	1	4	
	GS010933	三通		472460.64	3621511.2	22.183	1	4	
	GS01111426		消防栓	472051.19	3621711.4	24.417			
	GS01111425		阀门井	472117.55	3621681.5	24.427			
	GS011114	三通		472178.49	3621654.0	23.927			
	GS011114	弯头		472240.11	3621626.2	24.197			

图7-20　点表

线表必填字段包括起始管线点编号、终止管线点编号(图 7-21)。

起点号	终点号	材质	起点埋深	终点埋深	管径	压力
MT8001	MT8002	铸铁	2	3	300	低压
MT8002	MT8003	铸铁	2	3	300	低压
MT8003	MT8004	铸铁	2	3	300	低压
MT8004	MT8005	铸铁	2	3	300	低压
MT8005	MT8006	铸铁	2	3	300	低压
MT8006	MT8007	铸铁	2	3	300	低压
MT8007	MT8008	铸铁	2	3	300	低压

图 7-21　线表

(2)图形整饰(图 7-22)。

1)修改管点位置。

①功能:移动管点的位置,相关管段会自动跳转。

②操作:执行"修改管点位置"命令,选择要修改的管点,选择新的位置。出现如下提示:

命令:changePipePointPos

选择管点

指定管点新位置:

修改管点位置如图 7-23 所示。

图 7-22　"图形整饰"菜单栏

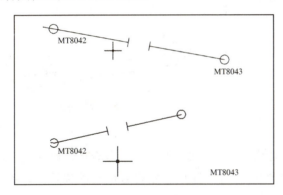

图 7-23　修改管点位置

2)管线高程计算。

①功能:计算或更新管线的高程。

②操作:执行"管线高程计算"命令,出现如下提示:

命令:AUTOCALPIPELINEPROPERTY

计算完毕

3)删除管点。

①功能:删除指定的管点,相关管段自动删除。

②操作:执行"删除管点"命令,选择需要删除的管线点,相关管段自动删除。出现如下提示:

命令:erasePipePoine

选择管点

删除管点结果如图 7-24 所示。

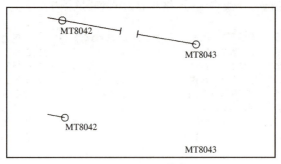

图 7-24　删除管点

4）管线换向。

①功能：将所选管线段的连线方向首末变换（按照最新管线建库数据标准，管线段无流向属性，软件默认流向是按连接方向标注）。当流向与连接方向不同时，需执行"管线换向"命令。

②操作：执行"管线换向"命令，选择要换向的管线段，按 Enter 键即可。出现如下提示：

命令：changeDirect

选择需要标注流向的管线

选择对象：找到 1 个

管线换向如图 7-25 所示。

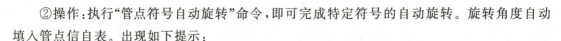

图 7-25　管线换向

5）管点符号自动旋转。

①功能：全图自动旋转某些特定管线符号。如污水算子和非普查区去向等。

②操作：执行"管点符号自动旋转"命令，即可完成特定符号的自动旋转。旋转角度自动填入管点信自表。出现如下提示：

命令：rotatePipePoint

管线换向如图 7-26 所示。

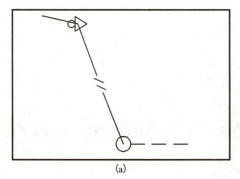
(a)

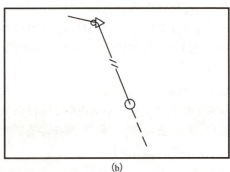
(b)

图 7-26　管线换向

(a)换向前；(b)换向后

6)管点消隐。

①功能：消隐穿过管点的管线段。

②操作：执行"管点消除"命令，选择消隐范围。出现如下提示：

命令：unwipeoutpp

(1)全选实体(2)手选实体＜1＞：

管点消除如图7-27所示。

(a)   (b)

图7-27　管点消隐

(a)消隐前；(b)消隐后

7)取消管点消隐。

①功能：与管点消隐为逆操作。

②操作：操作与"管点消隐"类似。

8)管线点注记。

①功能：根据选择的注记方案，对管点或管线进行注记。

②自定义方案：选择注记管点或管线，勾选注记的管线点类型，勾选想要注记的属性字段，设置好注记的位置、字体等其他参数后单击"编为一组"按钮，然后单击"保存方案"按钮即可。

③操作：执行"管线点注记"命令，弹出图7-28所示的对话框。选择注记的管线点类型，选择注记管点还是管线，选择注记方案，单击"开始注记"按钮，选择注记的范围(全选，单选)。出现如下提示：

命令：DRAWPIPETEXT

实体选择方式[(0)全选/(1)单选]：＜0＞

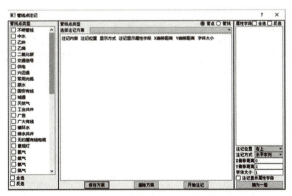

图7-28　"管线点注记"对话框

管线点注记如图7-29所示。

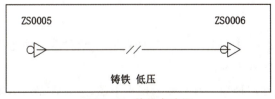

图7-29　管线点注记

9)删除管线点注记。

①功能:删除管线点注记。

②操作:执行"删除管线点注记"命令,选择要删除注记的对象,按 Enter 键即可。出现如下提示:

命令:Erasedimpipe

选择对象:指定对角点:找到 6 个

选择对象:

删除管线点注记如图 7-30 所示。

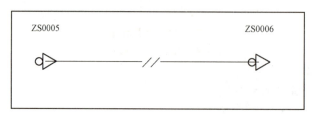

图 7-30 删除管线点注记

10)注记自动避让。

①功能:当管线点密集时,注记会出现压盖的情况。执行"注记避让"命令,将自动对注记进行避让处理。

②操作:执行"注记避让"命令,全图自动开始注记避让。出现如下提示:

命令:PipeNoteAutoPosition AGrid_Show

命令:Regen 正在重生成模型。

避让结束!

注记避让如图 7-31 所示。

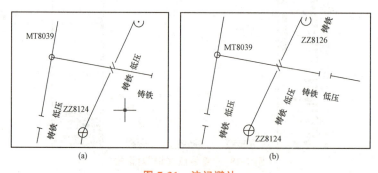

图 7-31 注记避让

(a)避让前;(b)避让后

11)管点注记排列。

①功能:当管点密集时,注记会出现压盖的情况。执行"管点注记排列"命令,将自动对一定范围内管点注记进行排列处理。

②操作:执行"管点注记排列"命令,输入搜索半径,选择管点。出现如下提示:

命令:movePointLabelAuto

指定搜索半径<2 米>10

选择需要检查的管点

选择对象:找到 1 个

注记排列如图 7-32 所示。

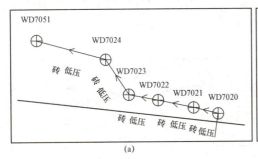 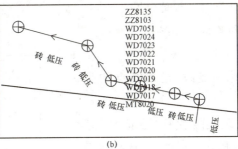

图 7-32 注记排列
(a)排列前;(b)排列后

12)扯旗注记。

①功能:在综合管线图上,拉线扯旗注记相交管段信息。

②操作:执行"扯旗注记"命令,弹出"扯旗注记"对话框。设置相关参数(是否注记管线点类型、表头等),单击右侧"+"可添加想注记的属性字段,选择注记编码、旗线编码,设置字高、字体、行距等。单击"保存设置"按钮,单击"扯旗注记"按钮(图 7-33)。出现如下提示:

命令:pulltext

选取扯旗第一个点:

选取扯旗第二个点:

完毕!

扯旗注记效果如图 7-34 所示。

图 7-33 扯旗注记设置

管类	压力	管径	材质	长度
污水管段	低压	300	砖	9
中水管段	低压	300	铸铁	59

图 7-34 扯旗注记效果

13)扯旗放大。

①功能:对框选的区域进行扯旗放大。

②操作:执行"扯旗放大"命令,绘制放大区域,填写放大倍数,选择放置位置。出现如下提示:

命令:PIPELINEZOOM

输入框图第一点:

输入框图第二点:

输入放大倍数:5

选择要放置的位置:

扯旗放大如图7-35所示。

14)注记坐标。

①功能:注记选择点的坐标信息。

②操作:执行"注记坐标"命令,选择要注记的点,选择注记的位置。出现如下提示:

命令:ZJZB

指定注记点:[设置注记小数位(S)]

注记位置:或[字高 Z]

注记坐标如图7-36所示。

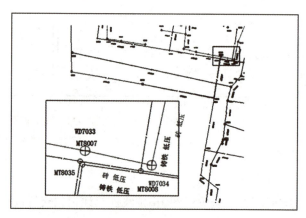

图7-35 扯旗放大

15)标注流向。

①功能:以管线段连接方向,标注管段流向。

②举例说明:在命令栏窗口输入命令"label Direct",出现以下文字提示:

请选择[(0)标注流向/(1)取消流向标注]

键盘输入:0,出现以下文字提示:

选择需要标注流向的管线

选择对象:找到 1 个,1 个编组

选择对象:

输入流向标注距离管线的距离:<1.000>

输入流向标注的依据[(0)按管点绘制顺序/(1)按管点井底高程]

键盘输入:0,得到管段流向标注的结果(图7-37)。

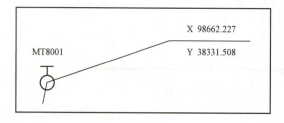

图7-36 注记坐标

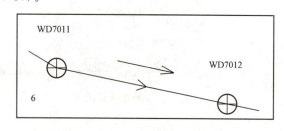

图7-37 流向标注效果

16)删除流向标注。

①功能:流向注记的逆操作,删除所选对象的流向注记。

②操作:执行"删除流向标注"命令,选择要删除流向注记的目标,按 Enter 键即可。出现如下提示:

命令:labelDirect

请选择[(0)标注流向/(1)取消流向标注]<0>1

选择需要取消标注流向的管线

选择对象:找到 1 个

删除流向标注如图 7-38 所示。

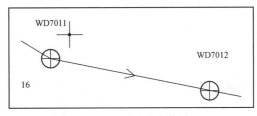

图 7-38 删除流向标注

17)管线信息统计。

①功能:对管线点的数据进行统计。

②操作:执行"管线信息统计"命令,弹出"管线信息统计"对话框。选择对管点或管线进行信息统计,勾选想要统计的管线点类型,勾选"数目"将会对管线点的数量进行统计,勾选"查询结果"将会按照设置的条件进行查询统计,单击"统计"按钮即可。单击"输出"按钮将对统计结果进行输出(图 7-39)。

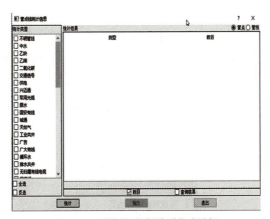

图 7-39 "管线信息统计"对话框

18)管点号重排。

①功能:对管点号按照设置进行重排。

②操作:执行"管点号重排"命令,弹出"管点号重排"对话框。选择要进行重排的管点之后按 Enter 键,设置重排方式,是否同步更新图上点号属性及更新管点编号注记,设置完成后单击"确定"按钮(图 7-40)。

19)管点号沿线重排。

①功能：沿管线对管点号进行重排。

②操作：执行"管点号重排"命令，选择起始管点及终止管点后弹出"管点号重排"对话框，设置起始编号、是否同步更新图上点号属性及更新管点编号注记之后，单击"确定"按钮（图7-41）。出现如下提示：

命令：order pipepoint/alongline

选择起始管点

选择终止管点

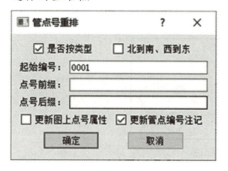

图7-40 "管点号重排"对话框

图7-41 管点号沿线重排

沿线注记结果如图7-42所示。

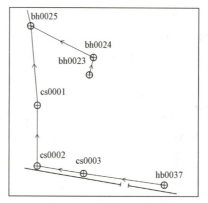

图7-42 沿线注记结果

（3）成果输出菜单栏如图7-43所示。

图7-43 成果输出菜单栏

1)设置管线图框信息。

①功能:设置综合管线图和专用管线图的图框基本信息。图幅样式参照现行《城市地下管线探测技术规程》(CJJ 61—2017)7.3章节管线图编绘的相关要求,根据项目实际情况进行设定。

②操作:单击管线图框信息设置菜单,弹出图7-44所示的"信息设置"对话框,修改相关信息,单击"确定"按钮。

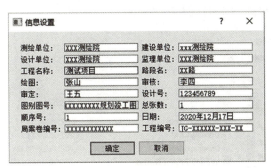

图7-44　设置管线图框信息

2)绘制单个管线图。

①功能:生成单个综合管线图。

②操作:执行"绘制单个管线图"命令,选择图幅大小,在弹出的"图框信息"对话框中设置图名、是否输出接图表,输入或拾取图框左下角坐标,选择取整方式等,单击"确定"按钮(图7-45)。出现如下提示:

命令:drawPipeMap

请选择[(0)50cm＊50cm/(1)50cm＊40cm]:<0>

选择图框左下角点

绘制结果如图7-46所示。

图7-45　设置界面

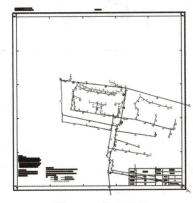

图7-46　绘制结果

3)绘制综合管线图。

①功能:批量输出综合管线图到指定路径。生成的dwg文件,以图幅左下角坐标命名(注:输出前需对文件进行保存,输出的成果将存放到同一路径)。

②操作:执行"绘制综合管线图"命令,输入坐标取整长度,框选出图范围。出现如下提示:

命令:FENFUOUT_ANYSIZE

输入坐标取整长度(输入 0 不取整):＜50 米＞

选择左下角点:

选择右上角点:

输出到 C:\Users\li\Desktop\成果包\地下综合管网竣工图.dwg

存储路径和绘制成果如图 7-47、图 7-48 所示。

图 7-47　存储路径

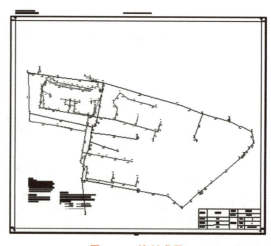

图 7-48　绘制成果

4)绘制横断面。

①功能:单个绘制管线横断面图。

②操作:执行"绘制横断面"命令,弹出"地下管线横断面图"对话框。在基本设置页面设置横轴、纵轴、比例尺、左下角坐标等参数,单击"高级"按钮可设置图幅及编码的相关参数,单击"绘制"按钮(图 7-49)。出现如下提示:

命令:createSection

请选择[(0)横断面/(1)纵断面]:＜0＞0

命令:

选择断面线

选择图框左下角点

绘制成果如图 7-50 所示。

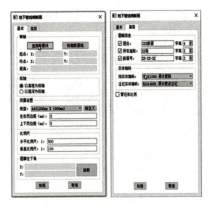
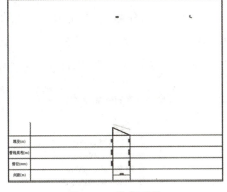

图 7-49　设置界面　　　　　　　　　图 7-50　绘制成果

5)绘制纵断面。

①功能:单个绘制管线纵断面图。

②操作:与绘制横断面图类似。

6)建立分幅格网。

①功能:在图面建立分幅格网,为输出综合管线图做准备。

②操作:执行"建立分幅格网"命令,选择取整方式,选择图幅大小,框选范围。出现如下提示:

命令:fenfu

输入取整方式[(0)取整到图幅/(1)取整到十米/(2)取整

到米/(3)不取整]:<0>

请选择[(0)50cm＊50cm/(1)50cm＊40cm]:<0>

指定区域西南点

指定区域东北点

建立格网的效果如图 7-51 所示。

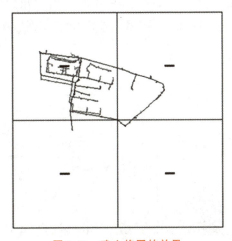

图 7-51　建立格网的效果

7)输出综合管线图。

①功能:按照建立的分幅格网,批量输出综合管线图。

②操作:执行"输出综合管线图"命令,程序自动进行输出。

存储路径和输出成果如图7-52、图7-53所示。

图 7-52 存储路径

图 7-53 输出成果

8)导入 mdb 数据。

①功能:加载 mdb 数据。

②操作:执行"导入 mdb 数据"命令,输入绘图比例尺,在弹出的"导入 GIS 数据"对话框中单击"选择文件"按钮添加 mdb 数据,设置好参数后单击"确定"按钮(图7-54)。出现如下提示:

命令:READFROMFILE

绘图比例尺 1:<500>

导入结果如图7-55所示。

图 7-54 导入 mdb 数据设置

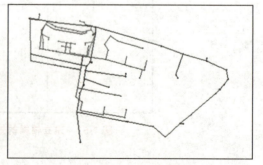

图 7-55 导入结果

9)导出 mdb 数据。

①功能：将数据导出为 mdb 数据库格式。

②操作：执行"导出 mdb 数据"命令，选择"是否输出空表"，选择"输出对象"，在弹出的"导出文件"对话框中设置相关参数后单击"确定"按钮（图 7-56）。出现如下提示：

命令：exporttofile

是否输出空表[(0)是/(1)否]：＜0＞1

选择对象：指定对角点：找到 516 个

选择对象：

正在创建 AQL 正在创建 AQP 正在创建 BML

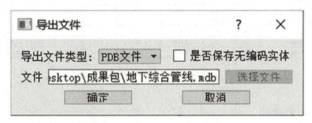

图 7-56　导出 mdb 数据设置

选择导出的文件，如图 7-57 所示。

图 7-57　选择文件

10)输出管线成果表。

①功能：输出符合 2015 标准的管线成果表。

②操作：执行"输出管线成果表"命令，选择输出格式，弹出"管线成果表填表信息"对话框，设置好相关参数后单击"确定"按钮（图 7-58）。出现如下提示：

命令：exportgxcgb

输出格式[(0). doc/(1). xlsx]：＜0＞

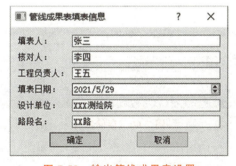

图 7-58　输出管线成果表设置

管线成果表如图 7-59 所示。

地 下 管 线 成 果 表

管线种类：燃气   路段名：XX路

点 号 / 连接方向	X	Y	管偏	地面高程(m)	管顶(底)高程(m)	管径或断面尺寸(mm)或孔数	电缆条数	压力或流向	连接方式	连接距离(m)	材质	备注
MT9001	98662.227	38331.508			112.229							
MT9002			NUL		0.000	300	NUL	低压	NUL	7.490	铸铁	
MT9002	98654.914	38329.891			102.522							弯头
MT9001			NUL		0.000	300	NUL	低压	NUL	7.490	铸铁	
MT9003			NUL		0.000	300	NUL	低压	NUL	12.826	铸铁	
MT9003	98655.523	38317.078			108.997							弯头
MT9002			NUL		0.000	300	NUL	低压	NUL	12.826	铸铁	
MT9004			NUL		0.000	300	NUL	低压	NUL	60.216	铸铁	
MT9004	98595.320	38318.461			120.263							
MT9003			NUL		0.000	300	NUL	低压	NUL	60.216	铸铁	
MT9005			NUL		0.000	300	NUL	低压	NUL	37.450	铸铁	
MT9005	98589.305	38355.426			102.844							
MT9004			NUL		0.000	300	NUL	低压	NUL	37.450	铸铁	
MT9006			NUL		0.000	300	NUL	低压	NUL	37.883	铸铁	
MT9034			NUL		0.000	300	NUL	低压	NUL	38.194	铸铁	

图 7-59　管线成果表截图

11）输出管线成果表说明。

①功能：输出管线成果表的说明书。

②操作：执行"输出管线成果表说明"命令，程序自动生成（注：管线成果表说明与管线成果存放在同一文件夹下）。

12）数据分发。

①功能：将软件的符号化效果分发到其他软件（注：数据保存在存储的文件夹内）。

②操作：执行"数据分发"命令，弹出"另存为"对话框，设置好名称后单击"保存"按钮（图 7-60～图 7-62）。

图 7-60　存储路径

图 7-61　文件格式

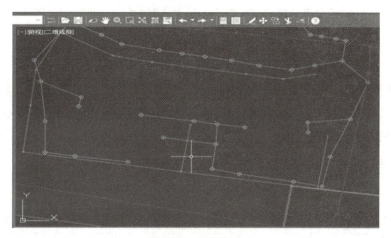

图 7-62　分发成果

（4）数据质检菜单栏如图 7-63 所示。

图 7-63　数据质检菜单栏

1)记录唯一性检查。

①功能:检查所选实体中,需要检查唯一性的属性字段并输出检查结果。

②操作:单击本菜单,选择要检查的目标。出现如下提示:

命令:CheckEmptyField

选择需要检查的实体

选择对象:找到 1 个

检查结果如图 7-64 所示。

图 7-64　检查结果截图

2)一致性检查。

①功能:检查管线点构件是否和管点属性一致,如管线点的"附属物"属性值为"一般管线点";不符合数据标准,软件检查会报错。

②操作:执行"一致性检查"命令,选择要检查的对象,按 Enter 键即可。

检查结果如图 7-65 所示。

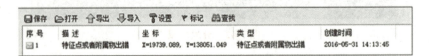

图 7-65　检查结果

3)管线长度检查。

①功能:检查指定极长或极短长度的管线段,并输出检查结果。

②操作:执行"管线长度检查"命令,选择检查对象,输入极长极短值,按 Enter 键。出现如下提示:

命令:checkPlLongOrshort

选择需要检查极长或极短的管线

选择对象:找到 1 个

选择对象:

请输入极长值:60

请输入极短值:10

管线长度检查结果如图 7-66 所示。

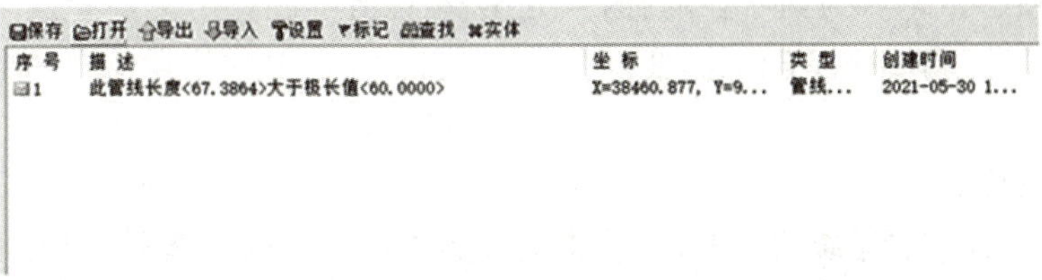

序号	描述	坐标	类型	创建时间
☑1	此管线长度<67.3864>大于极值长<60.0000>	X=38460.877, Y=9...	管线...	2021-05-30 1...

图 7-66　管线长度检查结果

4）流向检查。

①功能：检查管线流向标注是否正确。起始管点高程大于等于终止管点高程，流向标注为正确。

②操作：执行"流向检查"命令，选择检查的目标，选择是否输出表格。出现如下提示：

命令：checkPipeLineDirect

选择需要检查流向的管线

选择对象：找到 1 个

选择对象：

是否导出 excel，是（0），否（1），默认（0）：

AGRID_EXPORT 输入项目名称：checkNotNullField

检查结果如图 7-67 所示。

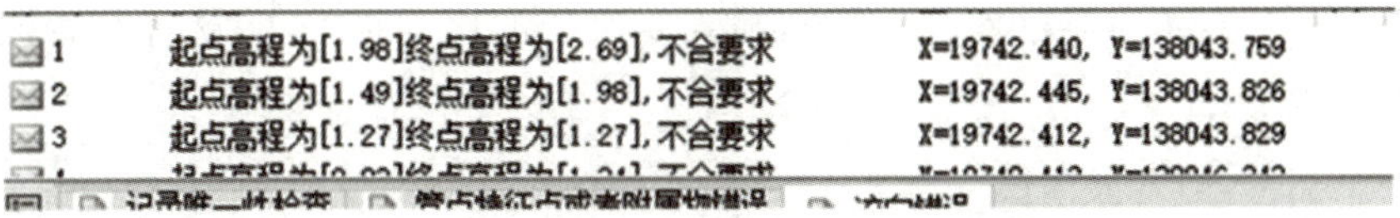

☒1	起点高程为[1.98]终点高程为[2.69]，不合要求	X=19742.440, Y=138043.759
☒2	起点高程为[1.49]终点高程为[1.98]，不合要求	X=19742.445, Y=138043.826
☒3	起点高程为[1.27]终点高程为[1.27]，不合要求	X=19742.412, Y=138043.829

图 7-67　检查结果

5）管径检查。

①功能：检查管段的管径是否为空，连接管段的管径尺寸是否正确。小管径流入大管径，判断为正确。

②操作：执行"管径检查"命令，选择要检查的管点，选择是否输出 Excel 表。出现如下提示：

命令：checkPipeLineRadius

选择需要检查的管点

选择对象：指定对角点：找到 130 个

是否导出 excel，是（0），否（1），默认（0）：

6）连接关系检查。

功能：检查管点特征和管段连接关系的正确性。如管点特征为三通，但与其相连的管段数为四，判断为错误。

7）字段逻辑值检查。

功能：手动选择实体 checkPlCompareFldVal，输入检查的字段值逻辑（[A]＜[B]格式）

（必须是这种格式）。A、B 为两字段名称，＜为比较符，有 6 种（＜，＞，＜＝，＞＝，＝＝，!＝）（如 A、B 两字段类型不一致，不比较，即没有错误信息；如 A、B 两字段值有一个为 NULL，不比较，即没有错误信息）。

8）非空字段检查。

功能：依照管线信息系统技术规范，检查图上实体属性字段的填写情况。要求为"必填"的字段为空时，将输出检查结果。

9）输入项检查。

功能：检查数据字典项目是否输入正确，注意是全字匹配。

10）日期输入检查。

功能：检查日期格式是否为 yyyy/mm/dd。

11）管径输入检查。

功能：检查管径是否输入有效。正确格式为 300 或 200×100；如果输入 200×100，判断为错误。

（5）常用功能。

1）打开属性面板。

①功能：打开属性面板。

②操作：执行"打开属性面板"命令，程序自动打开。

2）改变当前比例尺。

①功能：修改当前绘图的比例尺。

②操作：执行"改变当前比例尺"命令，输入要改变的比例尺大小，选择是否改变符号大小。出现如下提示：

当前比例尺为 1：500

输入新比例尺＜1：500＞1：1 000

是否自动改变符号大小？（1）是　（2）否＜1＞

CMDECHO

输入 CMDECHO 的新值＜1＞:0

OK!

3）符号化开关（图 7-68）。

①功能：控制符号化是否显示。

②操作：执行"符号化开关"命令，程序自动打开或关闭符号化效果。

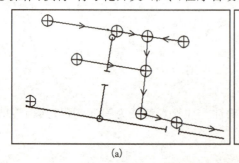
(a)

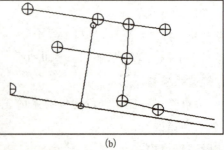
(b)

图 7-68　符号化开关状态

(a)打开；(b)关闭

4)炸开实体。

①功能:将实体拆分成最小单个实体。

②操作:单行"炸开实体"命令,选择要拆分的实体,按 Enter 键。出现如下提示:

命令:_explode

选择对象:指定对角点:找到 1 个

炸开实体效果如图 7-69 所示。

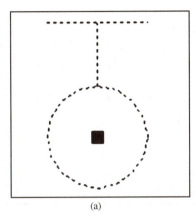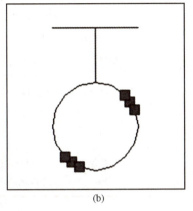

(a)   (b)

图 7-69 炸开实体效果

(a)炸开前;(b)炸开后

5)删除(表 7-3)。

表 7-3 删除选项的功能与操作

删除选项	功能与操作
多重目标选择	功能:同时删除多个目标 操作:执行"多重目标选择"命令,选择目标,按 Enter 键
单个目标选择	功能:删除单个目标 操作:执行"单个目标选择"命令,选择目标,按 Enter 键
上个选择目标	功能:删除最后被选择的实体 操作:执行"上个选择目标"命令即可
实体所在图层	功能:删除实体所在图层的所有实体 操作:执行"实体所在图层"命令,选择要删除图层的实体
实体所在图元	功能:删除实体所在图元的所有实体 操作:与"实体所在图层"类似
实体所在线型、块名、复合地物	功能:与前面类似,删除实体所在线型、块名、复合地物的所有实体 操作:与前面类似

6)编组。

①功能:提供编组的选择方式。

②操作:单击本菜单,选择打开或关闭。

7)局部存盘(表7-4)。

表7-4 局部存盘选项的功能与操作

局部存盘	功能与操作
窗口内的图形存盘	功能:对框选范围内的图形进行存盘 操作:执行"窗口内的图形存盘"命令,框选范围,选择存储位置及名称,单击"保存"按钮
多边形内图形存盘	功能:对多边形范围内的图形进行存盘(注:在使用本功能前需绘制闭合多边形) 操作:执行"多边形内图形存盘"命令,选择多边形,选择保存位置及命名,单击"保存"按钮(图7-70、图7-71)
重构局部存盘后的图形	功能:对存盘后的图形进行重构 操作:执行"重构局部存盘后的图形"命令

框选范围和存盘成果如图7-70、图7-71所示。

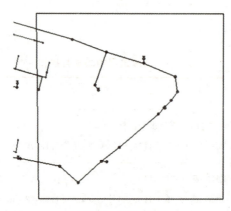

图 7-70 框选范围

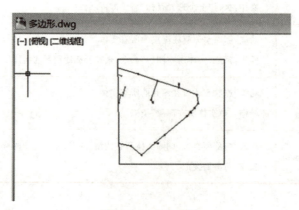

图 7-71 存盘成果

8)过滤选择集。

①功能:根据一定的条件对数据进行筛选。

②操作:执行"过滤选择集"命令,弹出"快速选择"对话框。设置好选择筛选的范围、条件等后,单击"确定"按钮(图7-72、图7-73)。

图 7-72　筛选设置

图 7-73　筛选结果

9)批量选目标。

①功能:根据条件筛选实体。

②操作:执行"批量选目标"命令,选择筛选的方式,输入筛选条件,按 Enter 键。出现如下提示:

输入过滤属性序号[(1)块名/(2)颜色/(3)实体/(4)图层/(5)线型/(6)选取/(7)样式/(8)厚度/(9)向量/(10)编码]4

请选择实体或[输入图层名称(I)/ESC 返回(E)]:

当前过滤条件:[(8."ZZLINE")]

输入过滤属性序号[(1)块名/(2)颜色/(3)实体/(4)图层/(5)线型/(6)选取/(7)样式/(8)厚度/(9)向量/(10)编码/(11)退出]

找到 39 个实体

选择结果如图 7-74 所示。

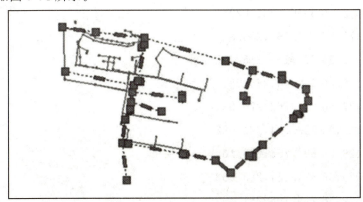

图 7-74　选择结果

10)按属性选择。

①功能:按照属性选择实体。

②操作:执行"按属性选择"命令,选择参考实体,设置好属性和值之后单击"确定"按钮,最后选择要筛选的实体,按 Enter 键。

选择结果如图 7-75 所示。

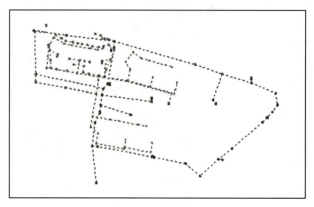

图 7-75　选择结果

典型案例

将以下外业管线测量数据导入 CASS,并绘制管线图。

1. 52 485. 836,56 682. 07,271. 572

2. 52 459. 471,56 723. 6,282. 498

3. 52 478. 811,56 735. 106,276. 961

4. 52 462. 124,56 735. 882,276. 865

5. 52 464. 596,56 727. 229,282. 225

6. 52 472. 01,56 729. 105,281. 644

7. 52 461. 535,56 722. 623,282. 869

8. 52 465. 216,56 719. 172,282. 838

9. 52 461. 36,56 706. 568,284. 829

10. 52 459. 477,56 714. 566,283. 893

11. 52 461. 922,56 676. 105,285. 492

12. 52 461. 815,56 703. 46,284. 98

13. 52 474. 437,56 735. 763,276. 933

14. 52 470. 478,56 723. 744,281. 982

15. 52 461. 429,56 694. 754,285. 164

16. 52 461. 925,56 684. 251,285. 433

17. 52 473. 579,56 725. 798,281. 399

18. 52 464.433,56 707.379,284.859

19. 52 471.507,56 705.427,284.307

20. 52 470.486,56 694.385,284.837

案例解答

思考与练习

一、填空题

1. 地下管线图包括 _____ 、 _____ 和 _____ 。

2. 建立管线数据库是将外业获取的 _____ 和 _____ ,利用计算机采用人工录入或计算机导入等形式建立数据库文件。

3. 数字化基础地形图有 3 种获取手段: _____ 、 _____ 或 _____ 等。

4. 地下管线纵断面图一般选用的比例尺是 _____ 或 _____ 。

5. 地下管线数据录入一般有 _____ 和 _____ 两种方式。

二、判断题

1. 管线点采用 8 位两段组合结构进行编号;第 1 位、第 2 位为管线小类代号,第 3 位至第 8 位为标识管线点的顺序号,用 6 位数字表示。（　　）

2. 综合地下管线图一般在城市的主城区采用 1∶500 比例尺。（　　）

3. 综合地下管线图的注记字体大小为 3 mm×3 mm。（　　）

4. 给水管线图中,管径小于 100 mm 的给水管可不表示,但窨井必须按地物表示。（　　）

5. CASSPIPE 软件中,Erasedimpipe 命令的功能是添加管线点注记。（　　）

三、简答题

1. 地下管线的属性数据主要指什么?

2. 简述编绘管线图的工作内容。

3. 管线图的比例尺应该怎么选取?

4. 简述综合地下管线图的编绘原则。

5. 编绘不同类型管线的专业地下管线图时应注意什么?

6. 编绘地下管线纵断面图和横断面图时,应如何选用比例尺?

7. 简述地下管线成果表应如何编制。

8. 简述用 CASSPIPE 编制地下管线图的操作步骤。

项目 8

地下管线竣工测量与核验测量

知识要点	能力要求	权重
地下管线竣工测量	掌握地下管线竣工测量的概念,了解竣工测量的目的、内容与要求,掌握地下管线竣工测量的方法;了解综合管廊竣工测量的内容、方法,以及成果资料提价要求	20%
认识核验测量	了解核验测量的目的;熟悉核验测量的内容、方法;了解核验测量的注意事项	20%
核验测量报告编制	能够编制核验测量报告	10%
质量检查与成果提交	了解检查内容与方法,能够进行成果提交与归档	50%

项目描述

　　城市地下管线测量工作要求具有高度的准确性,确保地下管线工程的安全。在城市地下管线施工过程中,由于施工人员的疏忽可能造成地下管线建设的最终结果与设计图纸不符,造成安全隐患。竣工测量是建设工程批后管理的一项重要程序。

　　地下管线竣工测量采用施工覆土前跟踪测量的方法,可有效保障竣工测量成果质量,满足地下管线数据库更新的要求。核验测量为城市规划与建设部门提供成果资料,是对地下管线建设工程是否符合规划审批条件或规划技术指标进行判定,因此,核验测量也称为规划核实测量或规划验收测量。

开展地下管线竣工测量与核验测量工作,需要熟悉竣工测量与核验测量的工作内容和方法,具备编制竣工测量报告和核验测量报告的知识与能力。学习本项目内容后,应该达到以下目标:

(1)熟悉管线竣工测量的目的、内容和技术要求;

(2)掌握地下管线竣工测量的方法;

(3)了解综合管廊竣工测量的内容;

(4)了解核验测量的目的和特点;

(5)熟悉核验测量的内容和方法;

(6)了解核验测量的注意事项;

(7)编制地下管线竣工测量报告和核验测量报告。

典型工作任务

认识管线竣工测量与核验测量的目的、意义、内容和要求;编制地下管线竣工测量报告和核验测量报告。

情境引例

为进一步规范地下管线测量行为,提高地下管线测量成果质量,夯实覆土前跟踪测量机制,合肥市城乡建设局于2021年11月组织开展了地下管线跟踪测量现场核验工作,核验各测量单位的人员仪器配备、测量跟踪记录、原始测量数据等。此次核验历时5个工作日,共涉及5家定点库测量单位的87个在测项目。合肥市城乡建设局组织第三方检测单位现场核实测量单位跟踪记录与管线施工测量进度,询问管线走向等管线信息,针对部分重点管线调取原始测量数据进行放样比对。

通过核验,合肥市城乡建设局进一步确认了各测量单位现有人员仪器配备情况、跟踪测量计划安排、技术能力等基本情况,并针对性地分别提出了要求和建议。合肥市城乡建设局将继续加大服务力度,帮助各测量单位提高作业水平。测量单位将加强培训,全面提升业务水平;举一反三,梳理本单位承接的所有项目存在的问题并逐一解决;配备满足项目要求的人员仪器设备,对于管线密集的施工项目,要安排专人24小时值守,保证在建地下管线应测尽测。

在进行地下管线核验测量时,需厘清地下管线核验测量与地下管线竣工测量之间的关系和具体内容,运用测量仪器和设备,通过核验测量的方法进行核验测量,在熟悉核验测量值与规划批准值的较差判定标准的基础上,编制核验测量报告,为加强和规范地下管线建设工程规划审批后管理,确保地下管线建设工程按照规划条件和批准的建设工程设计方案等提供数据资料。

8.1 地下管线竣工测量

8.1.1 竣工测量的目的

竣工测量是指对新敷设管线进行测量,并绘制到管线图上。管线放线测量是管线敷设的保证,管线竣工测量则是规划、设计、施工和管理的依据。《国务院办公厅关于加强城市地下管线建设管理的指导意见》(国办发〔2014〕27号)要求"工程覆土前,建设单位应按照有关规定进行竣工测量,及时将测量成果报送城建档案管理部门,并对测量数据和测量图的真实、准确性负责"。

地下管线竣工测量目的主要有三项:一是实现地下管线数据库更新;二是建立城市地下管线工程建设档案;三是为市政道路等建设工程竣工验收提供基础资料。测量内容包括控制测量、地下管线点测量、地下管线数据处理与生成入库数据文件、竣工测量报告编制、成果质量检查和成果提交工作。

8.1.2 竣工测量的内容与要求

1. 竣工测量的内容

地下管线竣工测量内容为新、改、扩建埋设于地下的给水、排水、燃气、热力、电力、通信、工业、综合管廊等各类地下管线及其附属设施的平面坐标、高程、断面尺寸及调查确定管材等属性信息。同时,为了保证管线的连续性,与埋地管线相连的架空管线也要测量。

地下管线竣工测量应充分利用前期规划核验测量的成果,避免重复测量。竣工测量与规划核验是二位一体的相互关联关系,目前部分城市是用规划核实测量代替竣工测量,也有部分城市未开展规划核实测量而进行竣工测量。

2. 测点设置的要求

地下管线竣工测量需要测量管线及附属物的空间位置并调查管线属性信息,是通过测量管线特征点来实现的。布设地下管线测点是地下管线核验测量与竣工测量的基本工作,其目的是使竣工测量结果准确反映地下管线位置和走向。供水、燃气、排水、通信等管线的测点应根据管线的分类及特点确定。

地下管线附属物按"依比例"和"不依比例"两种方式测量。边长大于等于2 m的依比例测量,测量其外围实际范围;边长小于2 m的,按不依比例测量,测量附属物的几何中心点。采用覆土前跟踪测量的方法,可以结合施工图和施工进度现场及时确定。为保证新旧管线衔接接边质量,一般应对接边处的原管线重新测量并适当外延。

8.1.3 竣工测量的方法

根据《城市地下管线探测技术规程》(CJJ 61—2017)的相关要求,地下管线的竣工测量宜采用解析法。此外,还有物探测量法和覆土前跟踪测量法等方法[《地下管线核验测量与竣工测量技术规程》(T/CAS 427—2020)]。采用物探测量的方法执行《城市地下管线探测技术规程》(CJJ 61—2017)的相关要求,本小节简要介绍覆土前跟踪的竣工测量方法。

地下管线覆土前跟踪竣工测量通常分为两个部分:一是在覆土前测绘地下管线点的特征点的空间位置及其属性信息;二是在道路等地面工程竣工后补测地下管线点对应的地面高程、埋深、附属物等信息。当覆土前不具备测量条件时,可采用"拴点测量"的方法,在覆土前设置管线待测点,将设置的位置引到地面上,量取深度,并绘制点之记,覆土后再测量。地下管线竣工测量工艺流程如图 8-1 所示。

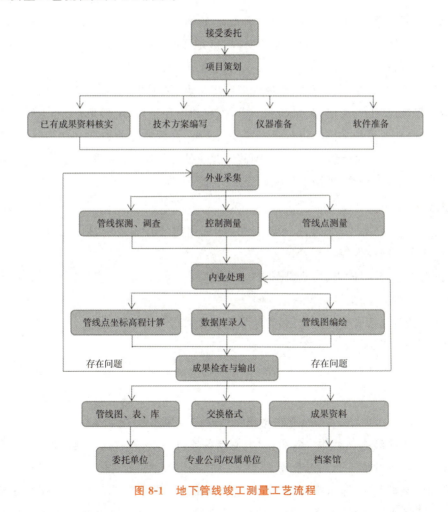

图 8-1　地下管线竣工测量工艺流程

8.1.4 竣工测量报告的编制

知识拓展：竣工规划验收测量成果报告书

1. 竣工测量报告编制

地下管线竣工测量成果资料可分为技术报告、竣工图和数据库。竣工图一般为综合管线图，根据需要可编制专业管线竣工图。技术报告的编制在地下管线测量工作完成并经检查合格的基础上进行；地下管线图应在地下管线数据处理工作完成并经检查合格的基础上编绘。

（1）竣工图：采用当地城市基本比例尺地形图作为编绘地下管线图所用的底图。综合地下管线图、专业地下管线图应以彩色绘制，断面图以单色绘制。地下管线按管线点及相应图例连线表示。地下管线图中各种文字、数字注记不应压盖管线及附属物、建（构）筑物的符号。地下管线图注记应按《城市地下管线探测技术规程》(CJJ 61—2017)附录 E 的规定执行。文字、数字注记应平行于管线走向，字头向上并应垂直于管线走向，跨图幅的管线和附属物、建（构）筑物应在两幅图内分别注记。地下管线的名称应符合《城市地下管线探测技术规程》(CJJ 61—2017)附录 D 的规定；图例应按《城市地下管线探测技术规程》(CJJ 61—2017)附录 A 的规定执行。

（2）工程技术报告编写：工程技术报告应突出重点、文理通顺、表达清楚、结论明确。主要内容包括工程概况（工程的依据、目的和要求，工程的地理位置、地形条件、开工和竣工日期及完成的工作量）和测量技术措施（作业技术标准、坐标、高程的起始数据、采用仪器和方法）。

（3）质量检查及质量等级：作业中遇到的问题及处理情况，待说明的其他问题。对小型工程项目的报告书可以从简，采用工作说明表形式（附图、附表）。

2. 提交的成果

（1）文档资料：任务书、合同、技术设计书、所利用的已有成果资料、观测记录、计算资料、检查报告、技术总结报告等。

（2）成果资料：包括成果表、成果图、技术说明等。

（3）数据资料。

1）数据内容：包括管线空间数据、管线要素属性数据和管线元数据。

2）数据格式：shape 或 gdb 格式。

📖 **知识拓展**

合肥市地下管线竣工测量方法

合肥市地下管线建设工作从源头把控，实行备案制，所有新、改、扩建道路项目，建设单位必须委托测量单位对地下管线进行竣工测量。竣工测量采用施工覆土前跟踪测量方法，即覆土前对敷设管线进行测量，做到"见管测"，待道路建设完成后对前期测量管线点进行地面高程采集及附属物采集工作，提高了测量精度，提交地下管线竣工测量数据并及时录入合肥市地下管线信息系统，实现地下管线数据实时动态更新。

详细流程如图 8-2 所示。

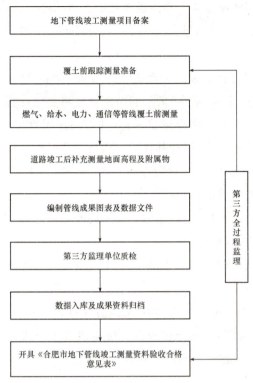

地下管线竣工测量项目备案

覆土前跟踪测量准备

燃气、给水、电力、通信等管线覆土前测量

道路竣工后补充测量地面高程及附属物

编制管线成果图表及数据文件

第三方监理单位质检

数据入库及成果资料归档

开具《合肥市地下管线竣工测量资料验收合格意见表》

第三方全过程监理

图 8-2　合肥市地下管线竣工测量的详细流程

8.1.5　综合管廊竣工测量

1. 综合管廊竣工测量的内容

综合管廊竣工测量内容包括查明综合管廊名称,各舱室的平面位置、走向、规格、权属单位、附属设施信息及其他有关的属性信息,测量各舱室及其附属设施的平面坐标和高程,编绘综合管廊平面图、综合管廊纵断面图、横断面图,编制调查成果表,并宜建立综合管廊数据库。在已建立综合管廊数据库和信息系统的城市,管廊竣工测量成果应能满足综合管廊数据库更新的技术要求。

2. 综合管廊调查

综合管廊调查应在充分收集和分析已有资料的基础上,采用实地调查的方式进行。邀请委托方派出施工人员或其他熟悉管廊埋设情况的人员到场指导,实地核实收集的资料,查看管廊埋设大致情况。具体的调查要求细则如下:

(1)综合管廊调查以舱室为调查单元,应对每个舱室逐一查明舱室走向、连接关系、附属设施及其他属性等,设置管廊特征点位标志,并绘制调查草图。

(2)进入各舱室,详细调查每个舱室的属性信息,绘制调查草图并在舱室内设置测点标志。

(3)综合管廊属性信息调查内容包括舱室数量、舱室规格(空间净宽、净高或直径)、埋设年代、权属单位、附属设施等。

(4)综合管廊(舱室)调查所设置的测点设置在能表达综合管廊(舱室)几何中心特征点的位置,特征点包括综合管廊(舱室)的起讫点、分支点、转折点、变坡点、断面变化点及附属设施中心点(或角点)等。

(5)综合管廊(舱室)调查所设置的测点是综合管廊(舱室)调查的一项重要内容,其核心目的是使测点能够反映综合管廊(舱室)的空间位置及规格变化,满足调查成果的应用。

(6)综合管廊(舱室)调查应在测点设置标记,并在测点附近注明编号,编号宜采用"综合管廊(舱室)编号+顺序号"形式,并保持其在同一项目或测区中的唯一性。

(7)综合管廊(舱室)规格调查,应量测综合管廊(舱室)内部空间的断面尺寸。圆形断面量测其内径,矩形断面量测内壁的宽和高。

(8)综合管廊规格调查,通过量测舱室内部空间的断面尺寸,结合管廊设计、施工、竣工资料的结构厚度,确定综合管廊规格。

(9)综合管廊附属设施的调查包括人员出入口、逃生口、吊装口、通风口、管线分支口、防火墙等。

(10)综合管廊应现场如实记录调查结果,记录方式可为纸质记录或电子记录。纸质记录应使用墨水钢笔或铅笔填写清楚;电子记录方式可按照规定格式导出记录。一切原始记录、记录项目应填写齐全、正确、清晰,不得随意更改。

3. 综合管廊测量

综合管廊测量包括控制测量和廊体测量。

(1)控制测量。地下管线控制测量可分为地面近井控制测量、地面地下联系测量及地下图根平面控制测量。地面近井控制测量可采用 GNSS RTK、导线测量等方法进行。地面地下联系测量可利用已布设的近井控制点采用联系三角形法、导线直接传递法或投点定向法进行,具体方法和技术要求参见表 8-1。地面地下高程传递测量可采用悬挂钢尺法、全站仪三角高程法。高程传递时,应独立观测两次,两次间高差较差应小于 2 cm,取两次平均值作为地上、地下控制点的最终高差,全站仪三角高程测量宜与导线直接传递同时进行。

表 8-1 地面地下联系测量方法与技术要求

地面地下联系测量方法	操作与测回数	技术要求
联系三角形法	在井口悬挂至少两根钢丝,利用全站仪分别测定近井点与钢丝的距离和角度,以及地下控制点与钢丝的距离和角度,用方向观测法进行一测回观测,每次联系测量应至少独立进行两次	两次测量推算的地下控制点坐标分量较差应小于 2 cm,取两次平均值作为地下控制点的最终成果
导线直接传递法	测量地下控制点应独立进行两次	全站仪宜具有双轴补偿功能,仪高和镜高量取至毫米,垂直角应小于 30°
投点定向法	在井口搭设平台,架设铅垂仪等设备向下投点时,应独立进行两次	两次投点坐标分量较差应小于 2 cm

地下图根平面控制测量应利用地面地下联系测量所布设的平面控制点,采用附合导线或无定向导线测量,当地下图根导线受条件限制无法附合时,可布设不超过 3 条边的支导线,支导线长度不超过附合导线长度的 1/3,水平角应测左、右角各一测回,测站圆周角闭合差不应超过 ±40″。地下图根三角高程测量宜与地下图根导线测量同时进行,仪器高、觇牌高量至毫米。地下导线的布设应根据需要确定,如果导线总长超长,可先布设地面导线,再布设地下导线;为减少层次,可直接布设自地上经由地下再地上的导线。

(2)廊体测量。综合管廊测量以舱室为单元,对每个舱室及相关附属设施进行测量。管廊(舱室)测量内容应包括对管廊(舱室)点标志进行平面坐标与高程测量,测定管廊(舱室)及附属设施,对测量数据进行计算与整理。

管廊(舱室)点的平面坐标测量宜采用导线串测法或极坐标法,高程测量宜采用三角高程法。数据采集应符合以下规定:

1)采用导线串测法测量平面坐标的作业方法和要求应符合《城市测量规范》(CJJ/T 8—2011)的规定。

2)采用全站仪同时测量平面坐标和高程时,水平角和垂直角可观测半测回,测距长度不超过 150 m,定向边应采用长边,仪器高和觇牌高量至毫米。

3)管廊(舱室)点测量可使用电子手簿记录数据,数据应进行检查,删除错误数据,及时补测错、漏数据,超限的数据应重测;用经检查完整正确的测量数据,生成测量数据文件;数据文件应及时存盘、备份。

4)数据采集后,需要对管廊数据进行内业处理。将外业观测的数据导入到数据处理平台,对照外业草图录入管廊信息,形成完整的管廊数据文件,进而生成管廊成果图及管廊成果报表。

(3)综合管廊成果编制。综合管廊成果包括综合管廊平面图、综合管廊断面图、综合管廊横断面图、综合管廊成果表等,其成果编制内容及技术要求说明参见表 8-2。

表 8-2　综合管廊成果编制内容及技术要求说明

成果	内容	技术要求说明
综合管廊平面图	包括综合管廊中心线、综合管廊外边线、综合管廊附属设施	中心线采用线宽 0.1 mm 的单实线表示
		中心线上应标注综合管廊点的编号,保证编号的唯一性,不注记管廊断面尺寸等信息
		外边线宜采用线宽为 0.3 mm 的虚线,线段长度为 2 mm,线段间隔为 1 mm
综合管廊断面图	依据调查与测量成果进行编绘,包括纵断面图和横断面图	纵断面图宜绘制管廊的外底、外顶、地面三个位置纵断面图
		纵断面图内容包括管廊点号、高程、比例尺、附属设施等
		纵断面图上点号、高程应与综合管廊平面图、成果表一致

成果	内容	技术要求说明
综合管廊横断面图	包括断面号、管廊尺寸、舱室名称、舱室尺寸、比例尺等	管廊断面、舱室断面等有明显变化处应绘制横断面图
综合管廊成果表	包括点号、点性、敷设年代、断面尺寸、材质、长度、埋深、平面坐标、管廊顶高程、管廊底高程、管廊地面、图幅号、备注等	成果表应依据调查与测量成果进行编制,成果表中点号应与成果图上点号一致

(4)综合管廊编绘成果检验。成果图经图面检查和实地对照检查,检验内容包括编号、符号、连接关系、图面注记、图廓整饰等。另外,成果表相关信息与测量结果一致,检验内容包括管廊名称、舱室数量、舱室规格或管径、舱壁情况、管孔数、材质、附属设施、坐标、高程等。成果图检查内容如下:

1)图例符号、注记是否正确;

2)连接关系是否正确;

3)附属设施、管线是否有遗漏;

4)接边是否有错漏;

5)图廓整饰是否符合要求。

4. 提交成果资料

(1)任务书或合同书、技术设计书;

(2)所利用的已有成果资料、坐标和高程的起算数据文件及仪器的检验、校准记录;

(3)综合管廊(舱室)调查草图、综合管廊(舱室)横断面草图、综合管廊(舱室)调查记录表、控制点和舱室测量观测记录与计算资料、各种检查和相片及权属单位审图记录等;

(4)技术总结、竣工测量成果报告、成果图、成果表、数据文件、数据库等;

(5)质量检查报告。

典型案例

某市地下管线竣工测量,按照要求需对道路敷设各类管线实时跟踪测量,测量管线走向及关键转折点坐标信息,并调查管道材质、管径等属性信息,待道路施工建设完成后,对前期测量管线点进行实地放样,补充测量地面高程及附属设施信息,与前期测量数据进行比对,计算出管道埋深信息,并依据管道调查信息生成管线调查成果表。

根据《地下管线竣工测绘技术规程》(DB34/T 3325—2019),地下管线竣工测量应符合以下规定:

(1)地下管线平面与高程控制点的精度应不低于图根级的要求,当需要布设图根级以上控制点时,应按照《城市测量规范》(CJJ/T 8—2011)的要求加密等级控制点。

(2)地下管线平面与高程控制点的密度应满足地下管线点测量的要求。

案例解答

8.2　认识核验测量

8.2.1　核验测量的目的

核验测量是指为地下管线规划核实提供地下管线竣工测量报告的工作，也称规划核实测量或规划验收测量。其目的是为规划管理提供成果资料，测量对象为各类新建地下管线。《中华人民共和国城乡规划法》（以下简称《城乡规划法》）第四十五条明确指出"县级以上地方人民政府城乡规划主管部门按照国务院规定对建设工程是否符合规划条件予以核实。未经核实或经核实不符合规划条件的，建设单位不得组织竣工验收"。

知识拓展：市管网办开展地下管线覆土前测量现场核验工作

由于施工误差必然存在，且地下管线项目实施时出于各种因素难免有变更，如果上述情况未得到有效控制，会导致管线施工环节得不到有效监管，甚至工程竣工时，可能导致实际的管线建设情况与报审时有所偏差。为进一步加强和规范地下管线建设工程规划批后管理，及时纠正违反《城乡规划法》、地方相应的规划条例及办法的建设活动，确保地下管线建设工程按照规划条件和批准的建设工程设计方案等规划要求进行，开展地下管线规划核验测量具有重要的意义。

8.2.2　核验测量的内容

地下管线核验测量通过采集与规划定位条件有关的地下管线及其附属物的平面坐标、高程、断面尺寸及调查确定管材等属性信息，将测量结果与规划审批的条件进行对比，形成核验测量报告。测量内容包括控制测量、管线点测量、核验测量报告编制、成果质量检查和成果提交工作。核验测量由测绘单位提供地下管线建设工程竣工测绘报告，规划管理人员利用竣工测绘报告等资料，对地下管线建设工程是否符合规划审批条件或规划技术指标进行判定，属于规划管理业务的范围。

根据《城市测量规范》（CJJ/T 8—2011）规定，规划核实（监督）测量包括开工前的放线测量（或灰线验线测量）、基础施工完毕的±0层验线测量、竣工后的验收测量。其中，地下管线规划定位条件值是指确定地下管线空间规划位置的坐标、距离、高程（高差）及其属性信息的总称，也称为规划定位数据资料。在不同的城市因规划管理方法的不同，其涉及的测量内容可能有所不同，部分城市地下管线建设工程的放线由施工单位承担，测绘单位受城市规划行政主管部门委托代办灰线验线。部分城市建设工程的放线由测绘单位承担，但不再进行灰线验线。

8.2.3　核验测量的方法

目前，规划核验测量有两种方法：一种是在工程竣工后采用探查测量的方法测量地下管线，由于是覆土后探查测量，所以探测管线的精度较低；另一种是在地下管线施工开挖覆土前或非开挖管线使用前，根据地下管线规划定位条件值进行跟踪测量，测量地下管线点平面坐标和高程,由于未完全竣工,可能一些规划条件(如埋深和地面高程)需要在竣工后补测,测绘单位提交规划核验测量成果。由于跟踪测量能够直接测量管线点的平面坐标和高程,测量精度相对较高。

8.2.4　核验测量值与规划批准值的较差

规划批准值又称规划条件值、规划定位值,是规划行政主管部门确定的地下管线的定位条件,包括坐标、四至退让距离、高程、埋深、管径、管材等信息。由于测量误差的存在,地下管线竣工测量的坐标、高程、埋深等与规划审批的数值不一致。将竣工测量值与规划批准值进行比对,求出较差。当较差在一定的误差范围内,可认定符合规划审批条件;当较差超出一定范围时,可认为不符合规划审批条件,按规定需进行行政处罚。较差允许值至关重要,它是规划符合性判定的依据。综合多个城市的执行标准,可参考表8-3、表8-4的规定进行符合性判定:1倍中误差以内为符合,1倍中误差至2倍中误差之间的为基本符合,超过2倍中误差的为不符合。

表 8-3　地下管线平面位置规划核实符合性判定表 1

条件点坐标核实	坐标较差 Δ	<50 mm	50～100 mm	>100 mm
	判定结果	符合	基本符合	不符合
规划间距核实	间距较差 Δ	<70 mm	70～140 mm	>140 mm
	判定结果	符合	基本符合	不符合
注:点位特征不明显的规划条件点的较差可放宽至1.5倍				

表 8-4　地下管线平面位置规划核实符合性判定表 2

高程核实	高程较差 Δ	<50 mm	50～100 mm	>100 mm
	判定结果	符合	基本符合	不符合
注:点位特征不明显的规划条件点的较差可放宽至1.5倍				

8.2.5　核验测量的注意事项

(1)规划核验测量不包含地下管线放线测量,测绘单位的职责是提供地下管线规划核验测量成果(报告),测出地下管线竣工值与规划审批值的较差,对规划核验测量成果质量负责,一般不对地下管线建设是否符合规划批准要求(合格)下结论。由于规划核实属规划行政管理,一般由规划行政管理部门下结论,核验测量报告中可以根据需要提出参考建议。

(2)规划核验测量成果要及时反馈规划行政主管部门,特别是出现规划条件测量值与批准值相差较大、不满足规划批准条件时,必须立即反馈规划行政主管部门并告知建设单位。

(3)测量单位要与工程建设单位和施工单位沟通协调,掌握地下管线施工埋设计划,确定地下管线核验测量工作的具体时序。

某市一主干道路综合提升改造(一期)工程,是对原管径 Φ600 mm 提升为 Φ800 mm 的雨水管道改造项目,长约为 85 mm,管材为混凝土。项目实施以规划许可证及设计图为根据进行开槽翻新施工。竣工后核验进行测量,对施工结束后的各规划条件值(管径、材质、管长、管底标高、距离道路中线距离等)进行核实测量并比对验收。

案例解答

(1)简述核验测量的技术方法。

(2)简述规划核验测量工作内容。

(3)简述核验测量的工作流程。

知识拓展

根据《地下管线核验测量与竣工测量技术规程》(T/CAS 427—2020)规定以下概念:

(1)规划定位条件值(Planning Location Condition Value):确定地下管线空间规划位置坐标、间距和高程值及其属性信息,也称规划定位数据。

(2)地下管线核验测量(Verification Survey of Underground Pipe-line):也称地下管线规划核实测量,是指在地下管线施工开挖覆土前或非开挖管线使用前,根据地下管线规划定位条件值进行跟踪测量,比对与其他条件的差异,并提交规划核验测量成果的过程。

(3)地下管线竣工测量(Underground Pipeline Completion Survey):是指在施工开挖覆土前(非开挖管线使用前)跟踪测量地下管线的空间位置、在工程完工时补充测量其地面高程(埋深)及附属设施(附属物)的空间位置等,同时采集地下管线及附属设施(附属物)属性信息,按要求的数据标准生成数据文件并提交测量成果的过程。

(4)管线点(Surveying Point of Underground Pipeline):为准确描述地下管线的走向、特征和附属设施信息而设立的测点,包括规划管理用于确定地下管线空间规划位置的规划定位点和管线有关特征点。

(5)非开挖管线(Trenchless Pipeline):不开挖地表或以最小的地表开挖量铺设的各种地下管线。

(6)综合管廊(Utility Tunnel):建于地下用于容纳两类及以上管线的构筑物及其附属设施,分为干线综合管廊、支线综合管廊和缆线管廊。

8.3 核验测量报告编制

核验测量报告的编制与提交,可依据项目的特点及要求,结合委托方工作要求编制与提交单次测量报告或综合项目测量报告。在核验测量过程中,以单一管线核验测量内容编制每次测量的成果资料,通常形成单独的单次内容成果报告文本,称为单次核验测量报告。单次核验测量报告内容相对简单,需要说明施测的目的、内容、采用的测量方法、使用的仪器设备、采用的技术指标要求、形成的成果资料等内容。在编写综合管线核验测量项目报告时,应站在整个项目实施的角度,从施工过程跟踪直至项目竣工核实整个过程进行系统编写,最终形成针对整个测绘技术服务项目的成果文件。

测量报告的工作说明是将测量工作中的相关情况(控制测量、条件点的施测情况、验测点测设情况、作业中的特殊问题等)进行描述,以便于管理。

核验图宜按城市规划行政主管部门许可的附图的比例尺绘制,内容应满足当地城市规划行政主管部门的要求并与规划许可相对应,包括地下管线略图、规划道路名称、地下管线与四至关系等。

✅ 知识拓展

核验测量与竣工测量的特点

(1)实时性。在覆土前跟踪测量地下管线点的特征点的空间位置并调查确定其属性信息。

(2)工期长。依据施工进度跟踪测量,在道路(地面)工程竣工后补测相关地下管线地面高程、埋深、附属物等信息。

(3)成果共享。核验测量与竣工测量"二测合一",同一标的物(管线点、有关地形地物点)只测一次,可分别用于编制规划核实测量报告和竣工测量报告,避免重复测量。

(4)精度高。核验测量与竣工测量,采用地下管线施工覆土前跟踪测量,管线点测量精度高。

(5)管线数据库实时更新。竣工测量目的明确,管线数据及时入库,实现地下管线数据库动态更新。

✅ 故事链接

港珠澳大桥测量:世纪工程的眼睛

2018 年 10 月 23 日 9 时,超级跨海工程、世界最长的跨海大桥——港珠澳大桥历经 14 年筹建,正式宣布开通。它跨越伶仃洋,东接香港,西接广东珠海和澳门,总长约为 55 km,是粤港澳三地首次合作共建的超大型跨海交通工程,是目前公路建设史上,技术最复杂、施工难度最高、工程规模最庞大的桥梁。

世纪工程,测量先行。因为海上施工没有参照物,测量就好比海上施工的"眼睛"。为确保大桥工程质量,建立高精度的大桥首级控制网,以及统一粤港澳三地的测绘基准势在必行。国测一大队着手大桥首级控制网布测工作,其首级控制网共需布设平面控制网观测墩 16 个,其中珠海区域 8 个,澳门区域 2 个,香港区域 6 个;一等水准路线 250 km,桥位区二等水准路线 100 km;一、二等高精度跨江(海)高程传递 12 处。2008 年 11 月中旬,国测一大队选派精兵强将,进驻港珠澳大桥测区作业,夜以继日地实施大桥首级控制网布测工作。

当国测一大队争分夺秒地开展首级控制网布测工作时,一道难题摆在了面前。受技术的限制,珠海高程基准无法直接传递到香港。因而,珠海高程基准只能经中山、东莞、深圳传到香港,传递路线约 250 km,加上水准路线所经区域水网发达,河流密布,所经河道共有 10 处必须采用跨河水准测量进行传递,这对保证高程控制网的精度来说,是一个巨大的挑战。为保证高程控制网的精度,国测一大队一方面在直接水准测量和跨河水准测量时采用一等标准施测,并在跨河水准观测时,采用了自行研发的直流供电觇灯来代替笨重的觇板;另一方面在项目覆盖区域,实施了区域似大地水准面精化技术来验证高程控制网传递精度。在粤港澳相关部门和单位的全力配合下,2009 年 2 月 10 日,国测一大队提前完成了港珠澳大桥首级控制网测量项目外业工作。

首级平面控制网获得了高精度的坐标成果,其基线精度优于 0.5 ppm,相对点位精度优于 2 mm;首级高程控制网采用一、二等精密水准联测,实施了多处跨江跨海高程传递测量,获得了平差后每千米中误差仅 0.3 mm 的精密高程成果;通过三地联测,还分别确定了国家坐标系、香港与澳门坐标系之间的转换参数,并建立了大桥工程建设所需的高程基准和相应的独立坐标系;依据新的地球重力场理论和方法,建立了高精度的港珠澳大桥地区局部重力似大地水准面,与 GPS 水准联合求解后,精度达到 6 mm。2009 年 3 月 8 日,历时 160 余天,国测一大队承建的港珠澳大桥首级控制网测量项目在西安通过专家验收。

8.4　质量检查与成果提交

8.4.1　质量检查与监理制度

1. 质量检查验收

地下管线核验测量与竣工测量检查验收实行"两级检查、一级验收"制度,测绘生产单位对成果质量实行过程检查和最终检查。过程检查是在作业人员自查、互查基础上由生产单位作业部门(如分院、中队、室、所)进行的全面检查;最终检查是在过程检查的基础上,由生产单位质检部门(如质检科、技术质量部)进行的最终检查,不能相互代替。成果验收是评估测量成果是否达到预期目标的手段,因此,需要在测量工作结束后对地下管线核验测量和竣工测量成果进行验收。验收可由任务委托单位或地下管线数据库管理机构组织实施。考虑覆土前跟踪测量各项目工作量不同、提交成果的时间不同,成果验收可分期分批组织实施。各级检查、验收工作必须独立进行,不得省略或代替。

2. 项目监理

由于地下管线覆土前跟踪测量的特殊性,地下管线竣工测量是在覆土前测量,如果在覆土后进行质量检查,由于管线的隐蔽性和探测技术的限制,探测精度大为降低,这样以低精度检测高精度,不能很好地评价覆土前竣工测量成果的质量;因此,有必要实行监理或第三方质量跟踪检核,实时跟踪监督检查作业人员竣工测绘过程,实时进行精度检测,这样有利于保障在管线覆土前测量,提高测量质量。根据《地下管线核验测量与竣工测量技术规程》(T/CAS 427—2020)规定地下管线核验测量与竣工测量实行监理制,内容如下:

(1)对地下管线施工覆土前测量行为进行监督。

(2)对提交的测量成果质量进行第三方检测。

(3)对入库数据质量和档案资料质量进行检查。

(4)对安全生产、项目进度等进行监督。为保证监理工程质量,依据国家《测绘资质管理办法》(2014版),监理单位应具有测绘行政主管部门颁发的工程测量监理资质,且乙级监理资质的单位不能监理甲级测绘资质单位。

8.4.2 质量检查内容与方法

地下管线核验测量与竣工测量成果质量检查内容和方法执行《测绘成果质量检查与验收》(GB/T 24356—2009)及《管线测量成果质量检验技术规程》(CH/T 1033—2014)。

1. 质量检查内容

地下管线核验测量与竣工测量成果检查的主要内容如下:

(1)平面与高程控制点的布设、观测及精度;

(2)管线点的数学精度:坐标精度、高程精度、埋深精度;

(3)管线图的地理精度:各要素取舍处理的正确性;

(4)管线的属性质量:管线及管线附属物属性的正确性与完整性;

(5)与周边原管线接边的质量;

(6)地下管线规划批准要素(坐标、高程、间距)测量质量;

(7)数据质量:管线要素分类与代码的正确性、空间数据与属性数据的一致性、空间实体点线面类型定义、多边形面域闭合精度、实体与属性相互匹配、悬挂点和伪节点,文件命名格式的正确性、接边精度、元数据等;

(8)整饰质量:符号、注记、线画质量和图廓外整饰质量;

(9)资料质量:数据、图、成果表、电子文件的一致性,技术报告与技术总结的正确性,上交资料的完整性等。

2. 质量检查方法

质量检查采取概查与详查相结合的方式进行。概查是指对影响成果质量的主要项目和带有倾向性的问题进行的一般性检查。项目技术设计书、技术总结、质检报告及检查记录、仪器鉴定证书等项目资料按100%检查。详查采用全数检查,最终检查一般采用全数检查。

3. 质量检查需注意的问题

考虑地下管线核验测量与竣工测量的特点,质检时应考虑以下情况:

(1)高精度或同精度检测,需要根据管线竣工测量的方法和竣工测绘成果质检的时序确定。如果地下管线成果是管线施工覆土前测绘的,覆土前进行精度检测,一般采用解析法,为同精度检测;覆土后进行精度检测,对明显管线点采用解析法,可视为同精度检测,对于隐蔽管线点采用钎探或开挖的方法也可视为同精度检测。对于隐蔽管线点先探查再测量,这样检测精度低于管线测量精度,需要根据情况具体分析,出现检测较差超限的需要进一步确认。

如果地下管线成果是管线施工覆土后物探再测绘的,采用钎探或开挖的方法进行检测可视为高精度检测,采用物探测量的检测方法可视为同精度。

(2)数学精度检测的样本抽样。大范围地下管线竣工测量成果采用按图幅进行抽样检查。对于零星破覆施工的地下管线或小型的单一类型地下管线竣工测绘,有的项目竣工管线只有几米或几十米,有的项目竣工管线有几千米或几十千米,项目较小时可采用按点数抽样,项目较大时可采用按图幅数抽样,无论项目大小,每个项目的竣工测量成果都应进行抽样检查。

(3)检查项与权值。《测绘成果质量检查与验收》(GB/T 24356—2009)和《管线测量成果质量检验技术规程》(CH/T 1033—2014)针对的是常规地下管线测量成果质检。其中,《测绘成果质量检查与验收》(GB/T 24356—2009)的质量元素为"控制测量精度、管线图质量、附件质量",其权重分别为"0.4、0.4、0.2"。大量事实表明,管线的错漏对城市规划、施工管理造成的不良影响和经济损失,甚至导致人员事故,其危害程度远远大于探测精度不高的管线。因此在实际质检中,可依据国家标准制定本地的质检细则,对地下管线核验测量与竣工测量成果质量元素及其权值做适当调整,同时,对错漏分类和扣分标准进行适当调整。

4. 质量判定

为保障地下管线竣工测绘质量,项目要求在地下管线施工覆土前测绘,而测绘单位未按规定在覆土前测绘而是在覆土后为采取措施补测的测量结果不符合规定的要求,可直接判定成果不合格。

8.4.3 成果提交与归档

同一个项目的规划核验测量成果与竣工测量成果应合并整理为一个档案资料。归档文件必须完整、齐全,真实地记录地下管线核验测量与竣工测量的各项记录,反映竣工测绘过程,具有可追溯性。归档应不少于两套:一套由测绘单位保管;另一套由地下管线数据库管理机构或地下管线档案管理机构保管。

故事链接

全国劳模白芝勇:致敬"每一毫米的细心"

白芝勇是一名测量高级技师。他的主要工作就是工程精密测量。参加工作20多年来,他先后参与了50余条国家重点铁路和高速铁路的工程精测工作,全部质量一次性通过,攻克了竖井定向系统CPIII测量技术,推动了工程精测行业的发展,为企业节约成本近千万元,先后被授予首届"央企楷模"、全国青年岗位能手标兵、全国岗位学雷锋标兵、全国劳动模范、全国最美职工、全国"最美青工"等多项荣誉。

工程建设,测量先行。白芝勇所从事的精密测量工作被形象地比喻为工程建设的"方向盘"、工程施工者的"千里眼",把设计图纸上的各种数据落实在山川平原,在建设过程中引导施工工人按照既定方向不断前行。"参加工作20多年来,我见证着一条条高速铁路相继开通,我将继续不忘初心,坚守一线,为推动中国速度向中国质量转变贡献力量。"白芝勇是这么说的,也是这么做的。

说到工匠精神,白芝勇直言:"我的工作更多的时候是精益求精。"具体到工作中,白芝勇称:"就是要做一个有心人",如他们测量经常会摆放仪器、架仪器,就像媒体记者架设摄像机一样,"一天要架设几十次设备,我们团队总结为'三三工作法',对中粗平最多三次,精平检查最多三次,然后用秒表计时,一点点琢磨它的技巧,一点点去抠,然后把摆放仪器的动作练成肌肉记忆,不自觉地把技能型操作转化成一种本能性操作。"

曾有徒弟问他:"我们又不是天天比赛,有必要把这个练得这么熟练?"对此,白芝勇则反问"一天要架三十次仪器,一次架设仪器节约1分钟时间,一天下来能节约多长时间?"所以,他一直坚持"天下武功,唯快不破",只有在工作中执着追求,才能真正做到精益求精。白芝勇真实刻画了"技进乎道、精益求精、踏实专注、孜孜不倦"的工匠形象,充分展现了新时代测绘人身上"热爱祖国、忠诚事业、艰苦奋斗、无私奉献"的测绘精神。

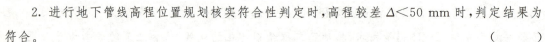
思考与练习

一、填空题

1. 核验测量也称_____或_____。

2. 地下管线核验测量需要采集与规划定位条件有关的地下管线及其附属物的_____、_____、_____及调查确定管材等属性信息。

3. 根据《城市测量规范》(CJJ/T 8—2011)的规定,规划核实(监督)测量包括_____测量、_____测量、_____测量。

4. 地下管线平面位置规划核实符合性判定中,_____的为符合,_____的为基本符合,_____的为不符合。

5. 测绘单位的职责是提供_____,测出地下管线竣工值与_____的较差,对规划核验测量成果质量负责。

二、判断题

1. 进行地下管线平面位置规划核实符合性判定时,坐标较差为50～100 mm,判定结果为符合。
( )

2. 进行地下管线高程位置规划核实符合性判定时,高程较差 $\Delta < 50$ mm 时,判定结果为符合。
( )

3. 核验测量的特点是实时性好、工期短、精度高。 （　　　）

4. 规划核验测量不包含地下管线放线测量。 （　　　）

5. 核验测量验收时，向委托方提交的编制报告称为单次测量报告。 （　　　）

三、简答题

1. 地下管线测量规划批准值包括哪些信息?

2. 简述核验测量的特点。

3. 简述核验测量的技术方法。

4. 简述核验测量的工艺流程。

参考文献

[1] 中华人民共和国国家质量监督检疫总局,中国国家标准化管理委员会 . GB/T 24356—2009 测绘成果质量检查与验收[S]. 北京:中国标准出版社,2009.

[2] 宁津生,陈俊勇,李德仁,等 . 测绘学概论[M]. 2 版 . 武汉:武汉大学出版社,2008.

[3] 中华人民共和国住房和城乡建设部 . GB 50026—2020 工程测量标准[S]. 北京:中国计划出版社,2020.

[4] 中华人民共和国住房和城乡建设部 . CJJ 61—2017 城市地下管线探测技术规程[S]. 北京:中国建筑工业出版社,2017.

[5] 合肥市地下管网建设管理办公室,中国城市规划协会地下管线专业委员会 . T/CAS 427—2020 地下管线核验测量与竣工测量技术规程[S]. 北京:中国建筑工业出版社,2020.

[6] 中华人民共和国住房和城乡建设部 . CJJ/T 8—2011 城市测量规范[S]. 北京:中国建筑工业出版社,2012.

[7] 中华人民共和国住房和城乡建设部 . CJJ/T 73—2019 卫星定位城市测量技术标准[S]. 北京:中国建筑工业出版社,2019.

[8] 中华人民共和国国家质量检验检疫总局,中国国家标准化管理委员会 . GB/T14912—2017 1∶500 1∶1 000 1∶2 000 外业数字测图技术规程[S]. 北京:中国标准出版社,2017.

[9] 中华人民共和国住房和城乡建设部 . CJJ/T 269—2017 城市综合地下管线信息系统技术规范[S]. 北京:中国建筑工业出版社,2017.

[10] 李益强,吴献文,刘国安 . 地下管线探测技术基础[M]. 北京:北京交通大学出版社,2020.

[11] 李少元,梁建昌 . 工程测量 [M]. 北京:机械工业出版社,2021.

[12] 张正禄 . 工程测量学[M]. 3 版 . 武汉:武汉大学出版社,2020.

[13] 陈立春 . 工程测量学[M]. 5 版 . 北京:人民交通出版社,2021.

[14] 王金玲 . 测量学基础[M]. 2 版 . 北京:中国电力出版社,2011.

[15] 高井祥,等 . 数字测图原理与方法[M]. 3 版 . 北京:中国矿业大学出版社,2015.

[16] 武汉大学测绘学院测量平差学科组 . 误差理论与测量平差基础[M]. 3 版 . 武汉:武汉大学出版社,2014.

[17] 杜玉柱 . GNSS 测量技术(规范版)[M]. 武汉:武汉大学出版社,2013.

[18] 李娜 . GNSS 测量技术[M]. 武汉:武汉大学出版社,2020.

[19] 王岩 . 控制测量学[M]. 北京:清华大学出版社,2015.

[20] 王国辉,魏德宏．土木工程测量[M].2 版．北京:中国建筑工业出版社,2020.

[21] 赫建忠,江贻芳,贾志英．城市地下管线信息化建设的必要性及其主要任务[J]．测绘通报,2008(6):14—16.

[22] 黄立云．城市地下综合管线内外业一体化测量技术研究[J]．区域治理,2018(3):37.

[23] 张盛华.非开挖城市燃气管线测量实践与研究[J].测绘通报,2019(S1):230—233.

[24] 王东．地下管线惯性定位仪在非开挖地下管线竣工测量中的应用[J]．北京测绘,2020,34(3):319—323.

[25] 白义培．地下金属管线综合测量与安全评估方法研究[J]．世界有色金属,2021(7):141—142.

[26] 魏宝安,朱晓雷,李梅,等．城市地下管网数据获取及服务平台的建设与研究[J].测绘与空间地理信息,2022,45(s1):25—28,33.